材料 **2** つから作れる！

魔法の
てぬきおやつ

てぬき料理研究家
てぬキッチン

ワニブックス

はじめに

料理大好き！ でも面倒なことが大嫌い！
こんにちは。てぬき料理研究家の「てぬキッチン」です。

"できるだけ手を抜いて、少ない材料で、
誰でも失敗せずに美味しく作れるレシピ"をコンセプトに、
YouTubeでお菓子や料理を発信しています。

てぬき料理やてぬきおやつを作る母親のもとで育ったので、
繊細で手の込んだおしゃれな料理に憧れを抱いてトライしていた頃もありました。
けれど、あるときYouTubeにてぬきレシピを投稿したら、
信じられないくらい多くの方から応援の声をいただき、
驚いたと同時にとてもうれしく、
てぬき料理をもっと追求したいと思うようになりました！

ズボラ満載、てぬき満載のレシピは

きちんとした料理家さんから見たら、

眉をひそめられてしまうものもあるかもしれません。

けれど、どれも超簡単で、味は間違いなし！

いつも忙しい方や料理が苦手な方、

お子さんと一緒におやつ作りにチャレンジしたい方など、

どのような方にも楽しんで作っていただけると思います。

本書では、YouTubeで発信して特に人気だったもの、

反響が大きかったものを

さらに簡単にさらに美味しく改良して一冊にまとめました。

とにかく簡単におやつを作りたい方にぜひともお手に取っていただきたい、

"究極のてぬき"が詰まった渾身の一冊です！

てぬキッチン

\ 大反響！/
人気おやつ BEST 7

何を作ろうか迷っている方は、まずはここをチェック！ 本書でご紹介しているてぬキッチンのレシピの中でも特にYouTubeで再生回数、反響の多かったおやつをご紹介します。

第1位 ヨーグルトスフレケーキ →P.46

人気No.1レシピは、ヨーグルトで作るスフレタイプのケーキ！ YouTubeでの動画再生回数は100万回超え。ヨーグルトならではの爽やかさと優しい味わいが特徴で、口に入れた瞬間のふわふわでしゅわしゅわのとろける食感に感動すること間違いなし。軽くて後味がスッキリしているので、いくらでも食べられてしまいます。ちょっと手順が多いけれど、とっても簡単で失敗知らずのレシピです。スフレ好きの方は、ぜひお試しください♪

第2位 ピザチーズスフレチーズケーキ
→P.44

人気No.2もなんとスフレケーキ！ 「ピザ用チーズで美味しく作れるの？」と最初は不安に思われる方が多いようですが、作ってみるとその美味しさに驚くはず。ほんのりとピザ用チーズの塩気がきいて、美味しさをさらに引き立ててくれます。意外な美味しさにハマってリピートしてくださる方も多いレシピです。一般的なチーズケーキに使用するクリームチーズを使わずに、安価なピザ用チーズで作るので、コスパも抜群！

第3位 世界一簡単なチーズケーキ →P.62

電子レンジでたった2分30秒加熱したら完成。これぞ"世界一簡単"なチーズケーキのレシピです！ 実際に作った方からは、「今までの苦労はなんだったんだ！ これからチーズケーキはこのレシピでしか作らない!!」というようなお声もありがたいことにたくさんいただきました。言われなかったら電子レンジで作ったてぬレシピとは誰も気付かないくらいに本格的に仕上がるので、チーズケーキが好きな方は必見です！

第4位 超節約たまごアイスクリーム →P.16

使う材料は、卵と砂糖だけ！ てぬキッチン史上最高に低コストで作れるおやつです。「本当に美味しくできるの？」「そもそもアイスクリームになるの？」と疑問に思われるかもしれませんが、懐かしい卵風味のなめらかでクリーミーなアイスクリームに仕上がります。卵風味が苦手な方は、バニラエッセンスを加えていただくと美味しく召し上がれます。騙されたと思って、ぜひ一度お試しいただきたいレシピです♪

第5位 ザクザク食感！ 焼きチョコ風クッキー →P.14

チョコレートと薄力粉、こちらもたった2つの材料で作るチョコクッキーのレシピです！ たった2つの材料で作ったとは思えない美味しさで、大人気のチョコクッキー。バレンタインやクリスマスなどに作ったというお声も多くいただいた、大切な方へのプレゼントにもぴったりのおやつです。混ぜて焼くだけと工程も超簡単で、あっという間にできあがるので、お子さんと一緒に作ってみるのもオススメです♪

第6位 そのままフローズンヨーグルト →P.66

てぬきランキングでいうと、本書の中でもダントツNo.1！ 作るのに必要な道具はなんとスプーン1本のみ。市販のプレーンヨーグルトの容器にそのまま材料を加えて作る、笑えるくらいに簡単なレシピです♪ 「鬼リピ（リピート）してます！」「この夏何度も作りました！」という声も多数いただいた、夏にぴったりのさっぱりアイスです。リッチバージョンもあるので、ぜひ食べ比べしてみてくださいね。

第7位 作業時間10分！ 超簡単ティラミス →P.34

ティラミスは大好きだけど、作るのは難しそうだし、面倒だし、材料を揃えるのも大変……。そんな思いを抱えているのは私だけじゃないはず!! そんな方にオススメしたいのが、めちゃくちゃ簡単なこちらのレシピです。コーヒーのほろ苦さとプリンを加えた即席チーズクリームのほど良い甘みのバランスが絶妙で、てぬきレシピなのに大満足！ このレシピなら、とても気軽にティラミスをお試しいただけます♪

とにかくラクに作りたい！

てぬきアイデア10

てぬキッチンのてぬきレシピの秘密は、この10項目！ 少しでもラクチンに、時短で、洗い物を少なくするために本書で取り入れているアイデアを一挙にご紹介します。

1 全レシピ、オーブン不要！

YouTubeではオーブンを使用したレシピもご紹介していますが、本書では全レシピをアレンジ！ すべてレンジやトースターなどで作れるようにしました。ご家庭にオーブンのない方やオーブンは面倒という方にも気軽にお試しいただけます。また、オーブンで作りたい方向けのレシピも記載しています。

2 材料は最大で5つ

普段あまり使わない材料を揃えなくてはいけないのが、お菓子作りの面倒なところ。ですが、この本では材料2つで作れるものから、多いものでも材料5つまでしか使いません！しかもめずらしい材料や手に入りにくいものは一切なく、手軽で近くのスーパーで手に入るものばかりです♪

3 砂糖は上白糖、バターは有塩

おやつのレシピではグラニュー糖や無塩バターを使うレシピが多いですが、わざわざ揃えるのは面倒くさい！
食べたいと思ったときにすぐに作れて、なるべくおうちにあるもので作っていただきたい！そんな理由で、砂糖は上白糖でバターは有塩バターで美味しく作れるレシピになっています。

5 ゼラチンはふやかし不要

ふやかし不要のゼラチンを使うと、おやつ作りが格段にラクチンになるので、オススメです。袋を開けたらそのままダイレクトに材料に加えて使えるので、簡単で時短。一度使ったら、もう手放せません！ てぬキッチンでは、いつもふやかし不要の「森永クックゼラチン」を使用しています。

4 常温に戻すときはレンジで時短

おやつを作ろうと思い立ったときに、最初に「食材を常温に戻す」という工程があると、とたんにやる気がなくなってしまう私！ それなので、常温に戻す工程は電子レンジにお任せしています。これなら待たずにすぐに取り掛かれるので、やる気が持続して、完成まで一気に楽しく作れます♪

6 粉ふるいがなくてもOK

地味に面倒な粉ふるいの工程。実は、「ボウルに粉を入れて泡立て器で混ぜる」「ポリ袋に粉を入れて振る」でも代用OK！　これなら面倒な細かい網目の洗い物をする必要もありません。空気をふくませるように、泡立て器でくるくる混ぜたり、ポリ袋に入れてフリフリしてください。

7 ポリ袋レシピで洗い物削減

おやつが完成して満足した気持ちでシンクを見ると、洗い物の多さに驚愕……そんな経験ありませんか？　そんなときに便利なのがポリ袋。本書では、できるだけポリ袋を活用して手軽かつ洗い物をなるべく少なくしています。ポリ袋なら使い終わったらゴミ箱へポイッ！　これで解決！

8 材料の入れ物も使っちゃう

てぬきのためには、使えるものはなんでも使う！　材料が入った容器は、意外とそのままおやつ作りに使えるものもあるんです。容器で混ぜれば、洗い物が減るのもうれしいところ。見た目も楽しくなるので、パーティーにもぴったり。そのまま作って、そのまま豪快に召し上がれ♪

10 冷ますときは冷凍庫&冷蔵庫で時短！

おやつはなるべく早く作って早く食べたい♪　そのためにできる限り無駄な時間をカット。冷ましたり、固めたりする作業は冷凍庫や冷蔵庫を使えば時短になります。ただし、しばらく忘れていて気付いたらカチカチに、ということもあるので要注意。その場合は常温に置いてやわらかくします。

9 揚げ物はフライパンで

本書では、揚げる必要のあるおやつはフライパンを使って少量の油で揚げ焼きします。これなら普通に揚げるのに比べるとずっと簡単で、きちんとサクサクに仕上がります！　もう大量の油も揚げ物用の鍋も必要なし。油の処理が面倒で、揚げ物を避けている方にぜひお試しいただきたいです。

CONTENTS

2　はじめに

4　大反響！ 人気おやつBEST7

6　とにかくラクに作りたい！ てぬきアイデア10

10　まずはこれを揃えたい！ 基本の道具

11　美味しさキープ！ 保存のしかた

12　レシピを作る前に

CHAPTER 1 材料2つだけ

14　ザクザク食感！ 焼きチョコ風クッキー

16　超節約たまごアイスクリーム

17　みんな大好きな懐かしの味！ 練乳アイス

18　濃厚チョコレートアイスクリーム

20　ミルク風味の濃厚スコーン

21　2層のマシュマロムースプリン

22　とろけるチョコレートムース

24　混ぜて焼くだけ！ 即席もちもちパン

CHAPTER 2 材料3つだけ

26　焼き時間3分！ トースタークッキー

28　小鍋で簡単！ なめらかチョコプリン

30　小鍋で簡単！ キャラメルプリン

31　サクサクしゅわしゅわメレンゲクッキー

32　ヘルシー！ ふわもちお豆腐パン

CHAPTER 3 世界一簡単な定番おやつ

34　作業時間10分！ 超簡単ティラミス

36　懐かしい味のレンジプリン

38　くるくるロールクレープ

39　しっとり自家製ハニーカステラ

40　生クリームパウンドケーキ

CHAPTER 4 世界一簡単なあの人気おやつ

42　材料3つのスフレチーズケーキ

44　ピザチーズスフレチーズケーキ

46　ヨーグルトスフレケーキ

48　しっとり濃厚バスクチーズケーキ

49　レーズンバターサンドクッキー

50　濃厚なめらかプリンケーキ

52　失敗知らず！ レンジで作れる琥珀糖

MINI COLUMN
てぬきドリンク

54　片栗粉でもちもちタピオカ

55　ぷるぷるコーヒーゼリードリンク

56　ひんやりコーヒーフラッペ

CHAPTER 5 混ぜてチンするだけ

58　しっとり濃厚ガトーショコラ

60　香りゆたかな紅茶ケーキ

62　世界一簡単なチーズケーキ

63　ふわふわ食感のはちみつケーキ

64　優しい甘さのバナナケーキ

CHAPTER 6 容器のまま作っちゃう

66　そのままフローズンヨーグルト

67　そのままフローズンヨーグルトリッチ

68　そのまま牛乳パック杏仁豆腐

70　そのまま牛乳パックプリン

71　そのまま牛乳パックレアチーズケーキ

72　そのままジュースパックゼリー

CHAPTER 7 ポリ袋おやつ

74 手土産にも♪ ふんわりしっとりマフィン
75 カリッふわっ！ バナナドーナツ
76 レンジスノーボールクッキー
77 サクサク軽〜い！ ラングドシャ
78 アーモンドスライスクッキー
80 チーズたっぷりポンデケージョ

CHAPTER 8 フライパンで揚げ焼きおやつ 〜甘いもの〜

82 ヨーグルトのふわふわドーナツ
84 ハートのスイートチュロス
86 餃子の皮でとろ〜りアップルパイ
88 餃子の皮でチョコバナナパイ
89 春巻きの皮であんことチーズの三角パイ

90 COLUMN
知っておきたい！ おやつ作りのQ&A

CHAPTER 9 フライパンで揚げ焼きおやつ 〜塩系〜

92 もちもちチーズポテトボール
94 朝ごはんにもいい♪ ハッシュドポテト
95 おやつにもおつまみにも！ ベーコンポテト
96 フライパンで作るフライドポテト
98 ヘルシー！ ノンオイルポテトチップス

CHAPTER 10 食パンおやつ

100 サクサクメロンパントースト
102 プリンでフレンチトースト風トースト
103 キャラメルスモアトースト
104 明太フランス風トースト
105 やみつきカルボナーラトースト
106 チーズケーキ風トースト

CHAPTER 11 らくちんアイスクリーム

108 超濃厚バニラアイスクリーム
109 濃厚チョコレートアイスキューブ
110 作業時間5分！ バナナアイスクリーム
111 ザクザク食感のオレオアイスクリーム
112 大人気！ チョココーヒーアイス
113 材料2つだけ！ あずきバー
114 おうちで白くま風アイスバー

CHAPTER 12 レンジで和菓子

116 やわやわでもちもち〜！ バター餅
118 材料3つだけ！ ぷるんぷるんの牛乳寒天
119 材料3つだけ！ ひんやり美味しい水羊羹
120 蒸さずに作る栗蒸し羊羹
122 雪のようにとろける抹茶の淡雪かん

124 COLUMN
簡単！ かわいい！ てぬきラッピング
126 食材別INDEX

まずはこれを揃えたい！

基本の道具

いつもおうちで使っている道具があれば、本書のほとんどのレシピは作れます！
その他も100円ショップやネットでお手頃に購入できます。

調理道具

- ☐ 耐熱ボウル
- ☐ 泡立て器
- ☐ ゴムベラ
- ☐ デジタルスケール
- ☐ 計量スプーン
- ☐ 計量カップ
- ☐ ハンドミキサー
- ☐ 鍋・小鍋
- ☐ フライパン
- ☐ スプーン・フォーク
- ☐ 菜箸
- ☐ 包丁
- ☐ まな板

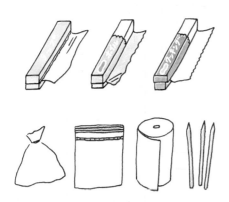

消耗品

- ☐ ラップ
- ☐ アルミホイル（「クックパー」がオススメ！）
- ☐ クッキングシート
- ☐ ポリ袋
- ☐ 保存袋
- ☐ キッチンペーパー
- ☐ 竹串

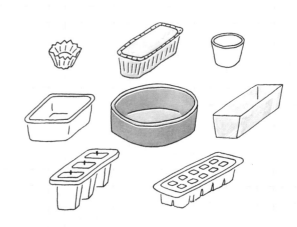

型

- ☐ アルミカップ
- ☐ 16cm×8.5cm×高さ4.5cmの
  アルミ製パウンドケーキ型
- ☐ 耐熱ガラス製カップ（150cc程度のもの）
- ☐ 10cm×10cmの耐熱容器
- ☐ 直径15cmのシリコン製ケーキ型（電子レンジ対応）
- ☐ 14cmのパウンドケーキ型
- ☐ アイスバーメーカー
- ☐ 製氷皿

美味しさキープ！

保存のしかた

せっかく作ったおやつは美味しく食べたい！
そのための適切な保存方法はここをチェックしてみてください。

水分量が多いものはあまり日持ちしません。
生クリームを加熱せずに使用しているものは当日中、
その他のものは2～3日を目安にお召し上がりください。

スポンジ系
ケーキ・パン

熱いうちにラップをしているものはそのまま、していないものはラップで包みます。冷蔵庫に入れると少しかたくなるので涼しい場所で常温保存しましょう。室温が高い場合や夏場、バナナなどのフルーツの入ったものは冷蔵保存してください。数日で食べきれない場合は1切れずつにカットしてからラップに包み、密閉容器に入れてなるべくはやく冷凍保存します。パンは解凍後にトースターで温めると美味しくいただけます。

チーズケーキ・
ガトーショコラ・
ドーナツ・
アップルパイ

ラップで包んだり、密閉容器に入れたりして、冷蔵庫で保存します。空気に触れる面が少ない方が劣化を防げるため、なるべく切らずに保存しましょう。数日で食べきれない場合は冷凍も可能。カットしてから1切れずつラップに包み、密閉容器に入れてなるべくはやく冷凍保存します。ドーナツやアップルパイは解凍後にトースターで温めると美味しくいただけます。

クッキー

保存袋などに入れて空気を抜き、常温保存します。メレンゲクッキーやラングドシャなどのしけりやすいものは乾燥剤を入れ、できるだけ密閉状態にしてください。

プリン・ゼリー・
ムース・寒天

乾燥しないようにラップをかけたり、密閉容器に入れたりして、冷蔵庫で保存します。容器に水滴がつかないよう、粗熱をとってから行いましょう。

※適切に調理、保存した場合の目安です。季節や調理状況によってはあてはまらない場合もございますので、様子をみながら保存してください。

レシピを作る前に

レシピ名 → サクサクしゅわしゅわメレンゲクッキー

材料
本書に掲載するレシピの材料は最大5つ！巻末の食材別INDEXを使えば、余っているものなど、使いたい食材からレシピを選ぶことができます。

オーブンで作ると時間のかかるメレンゲクッキーも、レンジで作れば超時短！

CHAPTER 2 材料3つだけ

材料 作りやすい分量
卵白…1/2個　砂糖…20g　ストロベリーパウダー（またはココアパウダー）…2〜4g

1
ボウルに卵白を入れてハンドミキサーで少し混ぜ、砂糖を3回に分けて加え、その都度混ぜてツノが立ったかたいメレンゲを作る。

2
ストロベリーパウダーをふるい入れ、ゴムベラでさっくりと切るように混ぜる。

3
星形の口金をつけた絞り袋に入れ、クッキングシートの上に絞り出す。

プロセス
すべての工程に写真がついているので、見ながら作れます。

4
電子レンジで1分30秒〜2分30秒加熱し、表面が乾いたものから取り出す。
POINT 乾いていないものはさらに10秒ずつ加熱し、急に焦げるため注意。

POINT
各工程で注意するポイントを記載。

MEMO 📝
しけりやすいため、当日食べない場合は乾燥剤を入れて密封保存してください。

🔲 **オーブンで作るときは…**
4で天板にクッキングシートごとのせ、100℃に予熱したオーブンで60分焼く。

オーブンで作るときは…
すべてオーブン不要のレシピになっていますが、オーブンで作りたい方のために、その場合の作り方も記載しています。

31

MEMO
調理のコツやアレンジ方法、保存方法などが書かれています。

- ●材料の表記は1カップ=200cc（200ml）、大さじ1=15cc（15ml）、小さじ1=5cc（5ml）です。
- ●レシピには目安となる分量や調理時間を表記していますが、食材や調理器具によって個体差がありますので、様子をみながら加減してください。
- ●電子レンジの加熱時間は600Wのものを使用した場合の目安です。500Wの場合は、1.2倍を目安に様子をみながら加熱時間を加減してください。
- ●トースターは1300W・200℃のものを使用した場合の目安です。温度設定のできないトースターや、機種ごとの個体差もありますので、様子をみながら加減してください。
- ●炊飯器は5合炊きのものを使用し、普通炊飯をした場合の目安です。機種によってはケーキモードなどがある場合やお菓子作りに適さない場合もあります。
- ●オーブンは家庭用の電気オーブンを使用した場合の目安です。
- ●火加減は、特に指定のない場合は、中火で調理しています。
- ●道具はきれいに拭いてから使用してください。水分や油分がついていると生地が分離したり、傷んだりする原因になります。

CHAPTER

1
材料2つだけ

お菓子作りはしたいけど、
材料をあれこれ揃えるのはちょっと大変。
そんなときにはこちらのレシピがぴったり!
卵と砂糖だけ、牛乳と砂糖だけ、卵とチョコレートだけ…etc.
たった2つの材料で作れるのに、
とても美味しい人気てぬきレシピばかりです。

ザクザク食感！
焼きチョコ風クッキー

たった2つの材料で
こんな美味しいクッキーができるなんて、
リピート間違いなし！

材料 15〜17枚分

チョコレート…100g　薄力粉…60g

1

耐熱ボウルにチョコレートを割り入れ、電子レンジで50秒〜1分加熱する。

2

余熱で完全に溶けるまでゴムベラで混ぜる。

POINT　溶けないときは追加で5〜10秒ずつ加熱して混ぜる。一度に長く加熱すると焦げたり、分離するので注意。

3

薄力粉をふるい入れ、さっくりと混ぜる。

4

まとまったらラップで包んで棒状に成形し、冷凍庫で8〜10分冷やし、切りやすいかたさにする。

POINT　かたくなりすぎたら、扱いやすいかたさになるまで電子レンジで5秒ずつ加熱する。

5

5mm幅に切ってアルミホイルの上に並べ、トースターで4〜5分焼く。サクサクになるまで冷ます。

POINT　途中で焦げそうになったらアルミホイルを被せる。

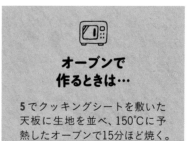

オーブンで
作るときは…

5でクッキングシートを敷いた天板に生地を並べ、150℃に予熱したオーブンで15分ほど焼く。

超節約たまごアイスクリーム

卵と砂糖だけなんて嘘みたいだけど、あっという間に美味しいアイスに大変身!

材料 2〜3人分

卵(卵黄と卵白に分ける)…1個　　砂糖…13g

1

ボウルに卵白を入れてハンドミキサーで少し混ぜ、砂糖を3回に分けて加え、その都度混ぜてツノが立ったかたいメレンゲを作る。

2

卵黄を加え、ハンドミキサーでさらに混ぜる。

POINT　バニラエッセンス適量を加えるとさらに風味がよくなる。

3

容器に入れ、冷凍庫で3〜4時間ほど冷やし固める。

MEMO

メレンゲを作るときは、油分や水分が全くついていないきれいなボウルとハンドミキサーの羽(ビーター)を使ってください!

みんな大好きな懐かしの味! 練乳アイス

素朴で懐かしい味わいの練乳アイスは、練乳不要! おうちにあるもので作れます♪

材料 2～3人分

牛乳…700cc　砂糖…70g

1

小鍋に牛乳と砂糖を入れ、ゴムベラでときどき混ぜながら弱火で煮詰める。
POINT ふきこぼれやすいので注意。

2

半量程度に煮詰まったら火を止めて粗熱をとる。保存袋に入れ、平らにならして冷凍庫で2～3時間ほど冷やし固める。

3

手で揉みほぐしてなめらかにし、器に盛る。

MEMO

できあがった練乳アイスは、いちごを添えたり、コーヒーゼリーの上にのせたり、コーヒーフロートにしても美味しいです♪

濃厚チョコレート
アイスクリーム

手軽に作れて、この美味しさ。想像以上の濃厚さで、
チョコ感たっぷりのリッチな味に仕上がります。

材料 2〜3人分

卵(卵黄と卵白に分ける)…2個　チョコレート…50g

1

ボウルに卵白を入れてハンドミキサーで混ぜ、
かためのメレンゲを作る。

2

耐熱容器にチョコレートを割り入れ、電子レン
ジで40〜50秒加熱し、完全に溶けるまで混ぜる。

POINT　溶けないときは追加で5〜10秒ずつ加熱し
て混ぜる。一度に長く加熱すると焦げたり、分離す
るので注意。

3

2に卵黄を1つずつ加え、手早く混ぜる。

POINT　冷えると固まってくるので手早く作業する。

4

少量の**1**を加え、よく混ぜる。

POINT　メレンゲの泡がつぶれてもいいのでしっか
り混ぜる。

5

残りの**1**を加え、ゴムベラでさっくりと切るよ
うに混ぜる。

POINT　メレンゲがつぶれないように下から大きく
混ぜる。

6

容器に流し入れ、冷凍庫で3〜4時間ほど冷や
し固める。

ミルク風味の濃厚スコーン

サクサク、ホロホロ！ 生クリームの風味が口いっぱいに広がります。

材料 8〜10個分

ホットケーキミックス…200g　生クリーム…100cc

1

ボウルにすべての材料を入れ、パラパラになるまでゴムベラで切るように混ぜる。

2

手で寄せて1つにまとめる。

POINT 練ったり捏ねたりせずにギュッと寄せる。

3

台に生地をのせ、手で押し広げて横半分に折る。再び手で押し広げ、縦半分に折る。この工程を3回繰り返す。

4

クッキングシートにのせて麺棒で8mm〜1cmの厚さに伸ばし、コップで円形にくり抜く。

5

アルミホイルの上に並べ、トースターで15〜18分焼く。焼き色がついたら、途中でアルミホイルを被せる。

オーブンで作るときは…

5でクッキングシートを敷いた天板に生地を並べ、170℃に予熱したオーブンで15〜20分焼く。

2層のマシュマロムースプリン

シュワシュワのムースとぷるぷるのプリン。勝手に2層になる楽しいレシピです!

材料 2個分

マシュマロ…100g　牛乳…200cc

1

耐熱ボウルにマシュマロと半量の牛乳（100cc）を入れ、電子レンジで1分〜1分30秒加熱する。

2

完全に溶けるまで泡立て器で混ぜる。
POINT　溶けないときは追加で10秒ずつ加熱して混ぜる。

3

残りの牛乳を加えてさらに混ぜる。

4

容器に流し入れ、冷蔵庫で2〜4時間ほど冷やし固める。
POINT　使用するマシュマロによって固まる時間や味に差が出る。

とろける
チョコレートムース

超濃厚！口に入れた瞬間にとろける美味しさ!!
チョコレート大好きな方も
大満足間違いなしのレシピです。

生クリーム…100cc　チョコレート…50g

1

生クリーム75ccは八分立てにする。

2

耐熱容器にチョコレートを割り入れ、電子レンジで40〜50秒加熱し、完全に溶けるまで混ぜる。

POINT　溶けないときは追加で5〜10秒ずつ加熱して混ぜる。一度に長く加熱すると焦げたり、分離するので注意。

3

2に残りの生クリーム25ccを少しずつ加えて混ぜる。

4

少量の**1**を加え、よく混ぜる。

5

残りの**1**を加え、ゴムベラでさっくりと混ぜる。

6

容器に流し入れ、冷蔵庫で1〜2時間ほど冷やし固める。

混ぜて焼くだけ！ 即席もちもちパン

超簡単なのにもちもちの食感と優しい甘みが絶品！ 朝ごはんにもピッタリです。

材料 4個分

ホットケーキミックス…150g　プレーンヨーグルト…120g

1

ボウルにすべての材料を入れ、ゴムベラで
さっくりと切るように混ぜる。

2

4等分にして手に水をつけて丸く成形し、
油（分量外）を塗ったアルミホイルにのせる。
POINT　ベタつく生地のため、手に水をつけて手
早く作業する。

3

トースターで15分ほど焼く。焼き色がつ
いたら、途中でアルミホイルを被せる。

オーブンで
作るときは…

2でクッキングシートを敷いた
天板に生地を並べ、180℃に予
熱したオーブンで15〜20分焼く。

CHAPTER

2

材料3つだけ

これまたうれしい、
たった3つの材料で作れる簡単レシピ。
3つなら、買い物に行っても忘れる心配なし♪
隙間時間にささっと作れる手軽さもオススメのポイント！
ふとおやつが食べたくなったときに
お試しください。

焼き時間3分!
トースタークッキー

トースターで作れば、焼き時間はたったの3分!
お好みの型でアレンジも可能です♪

材料 15〜20枚分

A | 薄力粉…80g　　バター…40g
　 | 砂糖…35g

1

耐熱ボウルに **A** を入れ、泡立て器で空気をふく
ませるように混ぜる。

2

バターを加え、電子レンジで20〜30秒加熱し、
ゴムベラで切るように混ぜる。

POINT　バターはやわらかくなっていれば、溶けき
らなくてOK。

3

ある程度まとまったらラップに包んで棒状に成
形する。

4

5mm幅に切り、円形に整えてアルミホイルに並
べる。

5

トースターで3〜4分焼く。

POINT　できたてはやわらかいけれど、冷めるとサ
クサクになる。

オーブンで
作るときは…

4でクッキングシートを敷いた
天板に生地を並べ、180℃に予
熱したオーブンで10分ほど焼く。

小鍋で簡単!
なめらかチョコプリン

お鍋1つで混ぜて冷やすだけでとっても簡単にできるのに、
ぷるんと口当たりがよく、たまらない美味しさ!

材料 2個分

チョコレート…50g　牛乳…130cc　粉ゼラチン…2g

1

小鍋にチョコレートを割り入れ、牛乳50ccを加えて弱火で加熱する。

2

沸騰しないように注意しながらゴムベラで混ぜ、完全に溶けたら火からおろす。

3

粉ゼラチンを加えて混ぜ、完全に溶かす。溶けたら残りの牛乳を加えてさっと混ぜる。

4

小鍋を氷水で冷やしながら、とろみがつくまで混ぜる。

5

容器に流し入れ、冷蔵庫で2〜3時間ほど冷やし固める。

CHAPTER

2

材料3つだけ

MEMO

4 はなめらかな食感に仕上げるための工程です。さらにてぬきをしたい方は、**4** を省いて固めると2層に分かれたプリンになります♪

小鍋で簡単! キャラメルプリン

まるでカフェスイーツのような、おしゃれで手の込んだ味わいが楽しめます♪

材料 2個分

キャラメル（「森永ミルクキャラメル」を使用）…30g　牛乳…170cc　粉ゼラチン…2g

1

小鍋にキャラメルと牛乳50ccを入れ、弱火で加熱する。

2

ゴムベラで混ぜ、完全に溶けたら火からおろす。粉ゼラチンを加え、よく混ぜて溶かす。

3

残りの牛乳120ccを加えてさっと混ぜる。

4

容器に流し入れ、冷蔵庫で2〜3時間ほど冷やし固める。

サクサクしゅわしゅわメレンゲクッキー

オーブンで作ると時間のかかるメレンゲクッキーも、レンジで作れば超時短!

材料 作りやすい分量

卵白…1/2個　砂糖…20g　ストロベリーパウダー(またはココアパウダー)…2〜4g

1

ボウルに卵白を入れてハンドミキサーで少し混ぜ、砂糖を3回に分けて加え、その都度混ぜてツノが立ったかたいメレンゲを作る。

2

ストロベリーパウダーをふるい入れ、ゴムベラでさっくりと切るように混ぜる。

3

星形の口金をつけた絞り袋に入れ、クッキングシートの上に絞り出す。

4

電子レンジで1分30秒〜2分30秒加熱し、表面が乾いたものから取り出す。

POINT 乾いていないものはさらに10秒ずつ加熱。急に焦げるため注意。

MEMO
しけりやすいため、当日食べない場合は乾燥剤を入れて密封保存してください。

オーブンで作るときは…

4で天板にクッキングシートごとのせ、100℃に予熱したオーブンで60分焼く。

31

ヘルシー! ふわもちお豆腐パン

簡単! 美味しい! ヘルシー! いいこと尽くしのお豆腐パン。食べ応えも抜群。

材料 4個分

バター…5g　ホットケーキミックス…150g　絹ごし豆腐…120g

1

バターは耐熱ボウルに入れ、電子レンジで15〜20秒加熱して溶かす。

2

1に残りの材料を入れ、ゴムベラで切るように混ぜてひとまとまりにする。

POINT　豆腐は水切り不要。

3

4等分にして手に水をつけて丸く成形し、アルミホイルにのせる。

POINT　ベタつく生地のため、手に水をつけて手早く作業する。

4

トースターで15分ほど焼く。焼き色がついたら、途中でアルミホイルを被せる。

POINT　P.24のもちもちパンと同様の方法でオーブンで作ることもできる。

3

世界一簡単な
定番おやつ

プリン、カステラ、パウンドケーキなど、
みんな大好きな定番のおやつを
材料も作り方もできるだけシンプルにしました！
難しい工程がないので、時短でできて、失敗知らず。
誰でも美味しくできる、
自信を持ってオススメできるレシピです。

作業時間10分!
超簡単ティラミス

難しいイメージのティラミスもこれなら簡単、時短!
美味しいのはもちろん見映えもいいのでおもてなしにもオススメ。

インスタントコーヒー…小さじ1 ½　クリームチーズ…70g
プリン(1個67gの「プッチンプリン」を使用)…2個
ビスケット(「マリー」を使用)…6枚　ココアパウダー…適量

1

インスタントコーヒーを湯40cc (分量外) で溶かし、濃いコーヒーを作る。

2

クリームチーズは耐熱ボウルに入れ、電子レンジで15 ～ 20秒加熱する。プリンを1個ずつ加え、その都度よく混ぜてなめらかにする。

3

1にビスケットを1枚ずつ浸し、形がくずれない程度までコーヒーを染み込ませ、容器に3枚並べる。

4

3に**2**の半量を流し入れる。

5

3と**4**を再度繰り返し、冷蔵庫で3 ～ 4時間冷やす。

6

ココアパウダーをふりかける。

懐かしい味の
レンジプリン

ほろ苦いカラメルもプリンも、レンジだけで作れちゃう。
おうちにある材料でできるので、
おやつの定番入り間違いなし！

材料 2個分

・カラメル
砂糖…大さじ2　水…小さじ2
湯…小さじ2

・プリン液
卵…1個　牛乳…150cc
砂糖…大さじ2

1

カラメルを作る。耐熱容器2個にそれぞれ砂糖大さじ1と水小さじ1を入れる。

2

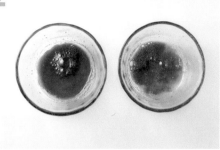

電子レンジに2個並べて入れ、2分〜2分30秒加熱する。カラメル色になり、ふつふつしてきたら取り出す。

3

湯小さじ1をそれぞれ加えて混ぜる。
POINT　飛び跳ねるので火傷に注意！

4

ボウルにプリン液の材料をすべて入れ、泡立て器で泡立てないように優しく混ぜる。

5

3に4を茶こしで濾しながら半量ずつ流し入れる。

6

電子レンジに2個並べて入れ、2分〜2分30秒加熱する。粗熱をとり、冷蔵庫で2〜3時間ほど冷やす。
POINT　表面がブクブクしたら取り出す。加熱しすぎるとすが立つので注意。

くるくるロールクレープ

ホットケーキミックスを使えば超簡単！くるくる丸めて、ミルクレープ風の味わい。

材料 2〜3人分		
ホットケーキミックス…40g 牛乳…100cc　油…適量	**A**	生クリーム…100cc 砂糖…大さじ2

1

ボウルにホットケーキミックスを入れ、牛乳を少しずつ加えて泡立て器でダマができないように混ぜる。

2

卵焼き器に油を薄くキッチンペーパーで広げる。弱火で熱し、**1**の1/4量を流し入れて両面を焼き、取り出す。同様に計4枚焼く。

3

ボウルに**A**を入れ、ハンドミキサーでしっかりツノが立つまで泡立てる。

4

2が冷めたら、少しずつ重ねて縦に4枚並べる。

5

両端を少しあけて**3**をのせ、手前からきつめにくるくると巻く。

6

ラップで包んで冷凍庫で2〜3時間ほど冷やす。切りやすいかたさになったら取り出し、切り分ける。

しっとり自家製ハニーカステラ

熱いうちにラップでピッタリ包むのがポイント。1〜2日置くことで美味しさUP！

--- **材 料** 16cm×8.5cm×高さ4.5cmのアルミ製パウンドケーキ型2台分 ---

| 卵…2個　砂糖…45g | A | はちみつ…50g |
| ホットケーキミックス…70g | | 油…大さじ2 |

1

ボウルに卵を割り入れて溶きほぐし、砂糖を加えてハンドミキサーでリボン状になるまで混ぜる。

2

Aを加え、さらにハンドミキサーで混ぜる。

3

ホットケーキミックスを加え、ゴムベラでダマがなくなるまで切るように混ぜる。

4

型2台に生地を半量ずつ入れ、トースターで30分ほど焼く。2〜3分経ち焼き色がついたら、途中でアルミホイルを被せる。

5

4つ角にハサミで切れ目を入れて容器から取り出し、熱いうちにラップでぴったりと包む。裏返したまま常温で1〜2日置く。

オーブンで作るときは…

4でクッキングシートを敷いた18cmパウンドケーキ型に生地を入れ、180℃に予熱したオーブンで10分焼き、160℃で30分ほど焼く。熱いうちに型から取り出し、5と同様に1〜2日置く。

生クリームパウンドケーキ

生クリームたっぷりだから、風味豊かでクリーミー！ ついつい手が伸びてしまうはず。

材料 16㎝×8.5㎝×高さ4.5㎝のアルミ製パウンドケーキ型2台分				
卵…2個	A	生クリーム…100cc 砂糖…75g	B	薄力粉…100g ベーキングパウダー…小さじ1

1

ボウルに卵を割り入れて溶きほぐし、**A**を加えてハンドミキサーでふわふわになるまで混ぜる。

2

Bをふるい入れ、ゴムベラでダマがなくなるまで切るように混ぜる。

3

型2台に生地を半量ずつ入れ、トースターで30分ほど焼く。2〜3分経ち焼き色がついたら、途中でアルミホイルを被せる。

MEMO
3で焼き色がついたら中央で包丁で切り目を入れるときれいな割れ目ができます。

**オーブンで
作るときは…**

3でクッキングシートを敷いた18㎝パウンドケーキ型に生地を入れ、180℃に予熱したオーブンで30〜35分焼く。

CHAPTER

4

世界一簡単な
あの人気おやつ

ちまたで話題のものから、YouTubeで圧倒的な
人気があったものまで、大人気のおやつを集めました！
いつもはお店で食べているあのおやつも、
実は意外と簡単に作れちゃうので、
ぜひチャレンジしてみてください。
できあがりに感動すること間違いなし♪

材料3つの
スフレチーズケーキ

たった3つの材料で作るのに、本格的な美味しさ。
究極のシンプルスフレチーズケーキです!

卵(卵黄と卵白に分ける)…3個　砂糖…80g　クリームチーズ…150g

1

ボウルに卵白を入れてハンドミキサーで少し混ぜ、砂糖を3回に分けて加え、その都度混ぜてツノが立ったかたいメレンゲを作る。

2

クリームチーズは耐熱ボウルに入れ、電子レンジで30〜40秒加熱してゴムベラでなめらかになるまで混ぜる。卵黄を加え、さらに混ぜる。

POINT　混ざりにくい場合は泡立て器を使っても。

3

2に**1**の1/3量を加えてよく混ぜる。

POINT　メレンゲの泡がつぶれてもいいのでしっかり混ぜる。

4

残りの**1**を加え、ゴムベラでさっくりと混ぜる。

POINT　メレンゲがつぶれないように下から大きく混ぜる。

5

炊飯器の内釜に油(分量外)を塗り、**4**を流し入れ、通常通り炊飯する。粗熱をとり、釜に入れたまま冷蔵庫で冷やす。

POINT　竹串を刺し、生地がついてくるようなら追加で10分ほど炊飯する。

オーブンで作るときは…

5でクッキングシートを敷いた直径15cmのケーキ型に生地を流し入れ、160℃に予熱したオーブンで30分湯煎焼きする。140℃のオーブンでさらに25分湯煎焼きし、オーブンの扉を開けて粗熱をとる。型に入れたまま冷蔵庫で冷やす。

CHAPTER
4

世界一簡単なあの人気おやつ

ピザチーズ
スフレチーズケーキ

クリームチーズを使わずにピザチーズでつくるから、コスパ良し！
ほんのりきいている塩気が美味しさを引き立ててくれます。

材料 5合炊き炊飯器1台分

A | 牛乳…130cc
　| ピザ用チーズ…80g

卵（卵黄と卵白に分ける）…3個
砂糖…60g
薄力粉…40g

1

耐熱ボウルに **A** を入れ、電子レンジで1分30秒加熱し、泡立て器でよく混ぜる。

2

再び電子レンジで1分〜1分30秒加熱し、よく混ぜて完全に溶かし、粗熱がとれるまで置く。

3

別のボウルに卵白を入れてハンドミキサーで少し混ぜ、砂糖を3回に分けて加え、その都度混ぜてツノが立ったかたいメレンゲを作る。

4

2 に薄力粉をふるい入れ、泡立て器で混ぜる。

5

卵黄を1個ずつ加え、その都度よく混ぜる。

6

3 の1/3量を加え、泡立て器でしっかりと混ぜる。

POINT　メレンゲの泡がつぶれてもいいのでしっかり混ぜる。

7

残りの **3** を加え、ゴムベラでさっくりと混ぜる。

POINT　メレンゲがつぶれないように下から大きく混ぜる。

8

炊飯器の内釜に油（分量外）を塗り、**7** を流し入れ、通常通り炊飯する。粗熱をとり、釜に入れたまま冷蔵庫で冷やす。

POINT　竹串を刺し、生地がついてくるようなら追加で10分ほど炊飯する。

オーブンで作るときは…

8 でクッキングシートを敷いた直径15cmのケーキ型に生地を流し入れ、160℃に予熱したオーブンで30分湯煎焼きする。140℃のオーブンでさらに25分湯煎焼きし、オーブンの扉を開けて粗熱をとる。型に入れたまま、冷蔵庫で冷やす。

ヨーグルト
スフレケーキ

しゅわしゅわとろける美味しさ！
YouTubeで100万回再生超えの人気No.1レシピです♪

材料 5合炊き炊飯器1台分

プレーンヨーグルト…300g	牛乳…50cc
（またはギリシャヨーグルト…150g）	砂糖…70g
卵（卵黄と卵白にわける）…3個	薄力粉…20g

1

ヨーグルトは7時間ほど水切りして半量にする。

POINT ギリシャヨーグルトを使う場合は水切り不要。

2

ボウルに**1**と卵黄、牛乳、半量の砂糖（35g）を入れ、泡立て器でよく混ぜる。

3

2に薄力粉をふるい入れ、さっと混ぜる。

4

別のボウルに卵白を入れてハンドミキサーで少し混ぜ、残りの砂糖を3回に分けて加え、その都度混ぜてツノが立ったかたいメレンゲを作る。

5

3に**4**の1/3量を加え、泡立て器でしっかりと混ぜる。

POINT メレンゲの泡がつぶれてもいいのでしっかり混ぜる。

6

残りの**4**を加え、ゴムベラでさっくりと混ぜる。

POINT メレンゲがつぶれないように下から大きく混ぜる。

7

炊飯器の内釜に油（分量外）を塗り、**6**を流し入れ、通常通り炊飯する。粗熱をとり、釜に入れたまま冷蔵庫で冷やす。

POINT 竹串を刺し、生地がついてくるようなら追加で10分ほど炊飯する。

オーブンで作るときは…

7でクッキングシートを敷いた直径15cmのケーキ型に生地を流し入れ、160℃に予熱したオーブンで30分湯煎焼きする。140℃のオーブンでさらに25分湯煎焼きし、オーブンの扉を開けて粗熱をとる。型に入れたまま冷蔵庫で冷やす。

しっとり濃厚バスクチーズケーキ

表面は香ばしく、中はしっとり。焼き立てはぷるぷるですが、冷やすとほどよいかたさに。

材料 16cm×8.5cm×高さ4.5cmのアルミ製パウンドケーキ型2台分

クリームチーズ…200g　薄力粉（ふるう）…大さじ2　卵…2個
卵黄…1個分　生クリーム…200cc　砂糖…70g

1

耐熱容器にクリームチーズを入れ、電子レンジで30秒ほど加熱してやわらかくする。

2

フードプロセッサーにすべての材料を入れ、なめらかになるまで混ぜる。

3

型2台に生地を半量ずつ流し入れ、トースターで25分ほど焼く。10〜15分経ち焦げ色がついたら、途中でアルミホイルを被せる。粗熱をとって型のまま冷蔵庫で半日〜1日冷やす。

オーブンで
作るときは…

3でクシャッとさせたクッキングシートを敷いた直径15cmのケーキ型に生地を流し入れ、220℃に予熱したオーブンで25〜30分焼く。粗熱をとって型のまま冷蔵庫で半日〜1日冷やす。

レーズンバターサンドクッキー

とっても贅沢な味わい！ ラムレーズンで作るとちょっと大人の風味に。

材 料 4個分		
A	ホワイトチョコレート（割る）…40g バター…20g	レーズン（またはラムレーズン）…35g ビスケット（「チョイス」を使用）…8枚

1

耐熱ボウルに**A**を入れ、電子レンジで40〜50秒加熱し、よく混ぜて溶かす。

POINT 溶けきらないときは追加で5〜10秒ずつ加熱して混ぜる。

2

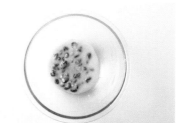

レーズンを加えて混ぜ、冷蔵庫で10分ほど冷やす。

POINT 少し冷やし固めることでビスケットにはさみやすいかたさにする。冷凍庫でもOK。

3

2をビスケットにはさみ、冷蔵庫で1時間ほど冷やす。

濃厚なめらかプリンケーキ

一見難しそうに見えるのに意外と簡単! プリン液とスポンジ生地を
一緒に焼くのに2層になってくれるのもうれしいポイントです。

材料 底が取れない直径15㎝のケーキ型1台分

・カラメル	・プリン液	・スポンジ生地
A 砂糖…60g 水…大さじ2	B 牛乳…300cc 砂糖…50g 卵…3個	卵…1個 砂糖…20g 薄力粉…25g

1

カラメルを作る。フライパンに**A**を入れ、弱火で加熱する。沸騰して好みの焦げ具合になったらケーキ型に流し入れ、底全体に広げる。

POINT 高温なので火傷に注意。

2

プリン液を作る。**1**のフライパンを洗わずにそのまま**B**を入れ、中火で加熱する。砂糖が溶けたら火を止め、粗熱をとる。

POINT 沸騰しないよう注意。

3

ボウルに卵を入れて泡立て器で溶きほぐし、**2**を少しずつ加えて混ぜる。

POINT **2**を熱いまま入れたり、一度に入れると卵が固まるので注意。

4

1のカラメルが固まっていることを確認し、**3**を濾しながら型に流し入れる。

5

スポンジ生地を作る。別のボウルに卵を割り入れて溶きほぐし、砂糖を加えてハンドミキサーでリボン状になるまで混ぜる。

6

5に薄力粉をふるい入れてゴムベラで優しく混ぜ、**4**に流し入れ、アルミホイルを被せる。

POINT 加熱中に水が入らないようにアルミホイルでふたをする。

7

フライパンに平たいお皿を入れ、型の1/3が浸かるくらいの量の水を入れ、沸騰させる。

8

6をのせ、ふたをして極弱火で30〜35分加熱する。粗熱をとって型のまま冷蔵庫で4〜5時間冷やす。

POINT 水を沸騰させないよう注意。

オーブンで作るときは…

6でアルミホイルは被せずに、160℃に予熱したオーブンで25〜30分湯煎焼きする。粗熱をとって型のまま冷蔵庫で4〜5時間冷やす。

失敗知らず！
レンジで作れる琥珀糖

食べられる宝石といわれるキラキラかわいい琥珀糖。
外はシャリシャリ中はプルプル、
見た目はもちろん楽しい食感も魅力的♪

材料 作りやすい分量

A | 水…100cc　　砂糖…150g
　 | 粉寒天…2g　　かき氷用シロップ…大さじ1

1

大きめの耐熱ボウルに**A**を入れ、泡立て器でさっと混ぜる。電子レンジで2分加熱する。

POINT　ふきこぼれないよう、大きめの耐熱ボウルを使う。

2

砂糖を加えて混ぜ、再び電子レンジで2分加熱する。

3

シロップを加えて混ぜ、再び電子レンジで2分加熱する。

POINT　シロップは好みの色や味を選んで。

4

軽く混ぜ、水で濡らした容器に入れて冷蔵庫で1〜2時間ほど冷やし固める。

5

好みの形に切るか、手でちぎってクッキングシートに並べる。

6

5日前後を目安に風通しのいい日陰でたまに動かしながら乾燥させ、表面が結晶化したら完成。

CHAPTER **4**

世界一簡単なあの人気おやつ

てぬきドリンク

片栗粉で
もちもちタピオカ

片栗粉で作るなんちゃってレシピだけど、
もちもちで弾力のある食感はタピオカそのもの。

材料 1人分		
A	黒糖…10g	片栗粉…20g
	水…20cc	

1

小鍋に**A**を入れてゴムベラで混ぜ、
強火にかけて沸騰させる。

2

火を止めて少し冷ます。片栗粉を
加え、ダマにならないように手早
く混ぜる。

3

ひとまとまりになったら取り出し、
棒状に成形して細かく切り、小豆
大に丸める。

4

水（分量外）を沸騰させ、**3**を入
れてくっつかないように軽く混ぜ
る。浮いてきたら弱火で20分ほ
どゆでる。

5

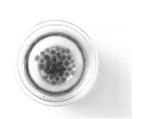

ザルで湯を切ってボウルに入れ、
冷水でさっと冷やす。

MEMO

このレシピは保存に
向いていないので、
できるだけ早く食べ
てください。

人気のドリンクレシピをご紹介♪　1人分ずつ簡単に作れちゃうので、
ちょっと一息つきたいときやお客さまがきたときなどに、作ってみてください。

ぷるぷるコーヒー
ゼリードリンク

ゼリーと牛乳を合わせたら、ブレイクタイムに
ぴったりのドリンクのできあがり！

材料 1人分	
A インスタントコーヒー …小さじ1 砂糖…小さじ1 水…50cc	粉ゼラチン…1g 水…50cc 牛乳…好みの量

1

耐熱容器に **A** を入れ、電子レンジ
で40秒ほど加熱する。

2

粉ゼラチンをふり入れ、ゴムベラ
で完全に溶けるまで混ぜる。

3

水を加えてさっと混ぜ、冷蔵庫で
1〜2時間ほど冷やし固める。

4

コップに **3** をスプーンですくって
入れ、牛乳を注ぐ。
POINT 甘さ控えめなので、好みで
シロップを追加する。

MEMO

最後に生クリームを少し足すと濃厚な
仕上がりに。牛乳のかわりに豆乳を入
れても美味しくできます！　ホイップ
クリームを浮かべたり、アイスをトッ
ピングしたらカフェ風の仕上がりに。

てぬきドリンク

ひんやり
コーヒーフラッペ

**冷たいシャリシャリ感が美味しい！
あのカフェの味がおうちで作れます。**

材料 1人分		
A 砂糖…大さじ2 インスタントコーヒー …大さじ1 湯…大さじ1	氷…10〜11個 牛乳…80cc	

1

耐熱容器に**A**を入れてしっかり溶ける
までスプーンで混ぜる。

2

氷を1個入れ、混ぜて冷やす。

POINT ここでしっかり冷やしておくこ
とが大切。

3

ミキサーに**2**、残りの氷、牛乳を入れ
て混ぜ、グラスに注ぐ。

MEMO

ご家庭の氷の大きさによって
氷の量を調整してください。
氷が少ないとシャリシャリ感
がなくなり、多いと味が薄く
なってしまいます。

CHAPTER

5

混ぜて
チンするだけ

てぬキッチンお得意の
"混ぜてレンジでチンするだけ"の超時短＆超簡単レシピ！
ケーキはレンジにお任せしたら速攻でできます。
しかもこんな簡単に作ったなんて
信じられないほど美味しく仕上がります。
さっそく今日のお菓子はレンジにお任せしてみてはいかが？

しっとり濃厚
ガトーショコラ

チョコ感しっかりで、ずっしり濃厚！
混ぜてチンするだけでこの美味しさは驚くこと間違いなし。

材料　直径15cmのシリコン製ケーキ型（電子レンジ対応）1台分

A | チョコレート（割る）…150g
　 | バター…60g

ホットケーキミックス…30g
卵…1個
生クリーム…50cc

1

耐熱ボウルに**A**を入れ、電子レンジで1分加熱する。余熱で完全に溶けるまで泡立て器で混ぜる。

POINT　溶けきらないときは追加で5〜10秒ずつ加熱して混ぜる。

2

残りの材料を加え、泡立て器で混ぜる。

CHAPTER

5

混ぜてチンするだけ

3

2を型に流し入れ、表面をゴムベラで平らにならす。ふんわりとラップをし、電子レンジで4分30秒ほど加熱する。

4

手で触れる熱さになったらケーキを型から取り出し、ラップでぴったりと包み粗熱をとる。冷蔵庫で1日冷やす。

POINT　冷蔵庫から出したばかりはかたいため、常温に戻してから食べる。

MEMO

電子レンジの機種や置く場所によって熱の入り方に差があるので、作りながらご自宅で使っているレンジの特徴を掴んでいくと、より美味しく作れるようになります♪

香りゆたかな
紅茶ケーキ

紅茶の香りが上品な味わいのケーキ。
ダージリンやアールグレイなど、
お好みの紅茶で作ってみてください♪

材料	直径15cmのシリコン製ケーキ型（電子レンジ対応）1台分	

A
牛乳…120cc
紅茶ティーバッグ
（茶葉を取り出す）…2個

B
卵…2個
砂糖…大さじ3
ホットケーキミックス…150g

1

耐熱容器に**A**を入れ、電子レンジで1分30秒加熱
する。泡立て器で混ぜ、粗熱をとる。

2

Bを加えてよく混ぜる。

3

ホットケーキミックスを加えてダマがなくなる
まで混ぜる。

4

3を型に流し入れ、ふんわりとラップをして電
子レンジで4分ほど加熱する。

5

手で触れる熱さになったらケーキを型から取り
出し、ラップでぴったりと包み粗熱をとる。

MEMO 📝

熱いうちにラップで包
むことで、生地がパサ
パサにならず、しっと
り仕上がります。

CHAPTER
5

混ぜてチンするだけ

61

世界一簡単なチーズケーキ

レンジで作ると信じられないほど簡単‼ 本格的な仕上がりが大好評のレシピです。

材 料 10cm×10cmの耐熱容器1台分	
A クリームチーズ(常温に戻す)…100g 砂糖…45g	生クリーム…100cc　卵…1個 薄力粉(ふるう)…15g

1

ボウルに**A**を入れ、泡立て器ですり混ぜる。

2

残りのすべての材料を加え、なめらかになるまで混ぜる。

3

耐熱容器にラップを敷いて**2**を流し入れ、ふんわりとラップをして電子レンジで2分30秒ほど加熱する。

4

粗熱をとり、冷蔵庫で1〜2時間ほど冷やす。

POINT　冷蔵庫で冷やすときは乾燥しないようラップをかける。

ふわふわ食感のはちみつケーキ

食感も味もふんわり優しくて癒やされる〜！ お疲れ気味のときに食べたいケーキです。

―――― **材 料** 直径15㎝のシリコン製ケーキ型（電子レンジ対応）1台分 ――――

卵…2個　ホットケーキミックス…150g　はちみつ…60g
プレーンヨーグルト…50g　油…20cc

1

ボウルに卵を入れ、泡立て器でふんわりと
するまでよく混ぜる。

2

残りのすべての材料を加えてさっくりと混
ぜる。

3

2を型に流し入れ、ふんわりとラップして
電子レンジで4分ほど加熱する。

4

手で触れる熱さになったらケーキを型から
取り出し、ラップでぴったりと包み粗熱を
とる。

63

優しい甘さのバナナケーキ

バナナをたっぷり使い、しっとりと仕上げました。お子さんにもオススメです！

材料 直径15cmのシリコン製ケーキ型（電子レンジ対応）1台分

バナナ…2本　ホットケーキミックス…150g
卵…1個　牛乳…大さじ3　油…大さじ3

1

ボウルにバナナをちぎって入れ、フォーク
でつぶす。

2

残りのすべての材料を加えて混ぜる。

3

2を型に流し入れ、ふんわりとラップをし
て電子レンジで4分30秒ほど加熱する。

4

手で触れる熱さになったらケーキを型から
取り出し、ラップでぴったりと包み粗熱を
とる。

容器のまま
作っちゃう

ここでは豪快に、
容器をそのまま使って作るおやつをご紹介します。
どれもインパクトのある見た目で、
みんなに喜んでもらえるものばかり。
デイリーのおやつにはもちろん、ホームパーティーや
イベントのときに作ったら盛り上がること間違いなし！

そのままフローズンヨーグルト

洗い物はスプーンだけ！ 簡単で美味しすぎるので一度試したら必ずハマるはず。

材料 ヨーグルト(400g)1個分

プレーンヨーグルト 400g
(「明治ブルガリアヨーグルト」を使用)

A | 砂糖…大さじ4
  | 牛乳…大さじ4

1

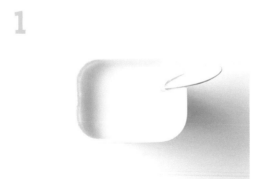

ヨーグルトの容器に A を入れてスプーンで混ぜ、ふたをして冷凍庫で2時間ほど冷やす。

2

冷凍庫から出して混ぜ、再び冷凍庫に入れ、好みのかたさになるまで冷やす。

POINT なめらかにしたい場合は途中で数回混ぜる。

そのままフローズンヨーグルトリッチ

フローズンヨーグルトがリッチに！ クリーミーで独り占めしたくなる至福の一品です。

材料　ヨーグルト(400g)1個分		

プレーンヨーグルト 400g
(「明治ブルガリアヨーグルト」を使用)

A

練乳…大さじ8
生クリーム…大さじ4
バニラエッセンス…10滴

1

ヨーグルトの容器にAを入れてスプーンで混ぜ、
ふたをして冷凍庫で2時間ほど冷やす。

2

冷凍庫から出して混ぜ、再び冷凍庫に入れ、好み
のかたさになるまで冷やす。

POINT　なめらかにしたい場合は途中で数回混ぜる。

そのまま牛乳パック
杏仁豆腐

子どもの頃からの夢！
牛乳パックいっぱいのビッグな
杏仁豆腐です。
杏仁霜と生クリームが
美味しさの秘密。
杏仁霜は輸入食品を
扱うお店や製菓材料店
で購入できます。

材 料　牛乳1Lパック1本分		
牛乳…700cc (「森永のおいしい牛乳」を使用) 粉ゼラチン…15g	**A**	杏仁霜…大さじ9 砂糖…大さじ6 生クリーム…200cc

1

牛乳パックが未開封の場合は300ccを取り出し、使用する700ccだけが入っている状態にする。

2

耐熱ボウルに使用する牛乳700ccのうち500ccを入れ、**A**を加えて泡立て器でしっかりと混ぜる。

3

電子レンジで3分～3分30秒加熱し、よく混ぜて溶かす。

4

熱いうちに粉ゼラチンを加え、手早く混ぜて完全に溶かす。

POINT　ゼラチンが溶けないときは追加加熱を。パックから取り出しやすいよう仕上がりはかため。やわらかめにしたい場合はゼラチンの量を調整して。

5

残りの牛乳200ccが入っている牛乳パックに**4**を濾しながら流し入れ、生クリームを加える。

6

開け口を手でしっかり押さえ、全体が混ざるように振り、冷蔵庫で5～6時間ほど冷やし固める。

そのまま牛乳パックプリン

子どもの頃からの夢Part2！ 幸せビッグスイーツを思う存分召し上がれ♪

材料 牛乳1Lパック1本分		
牛乳…900cc （「森永のおいしい牛乳」を使用）	A 練乳…大さじ5 　砂糖…大さじ4	粉ゼラチン…20g

1

牛乳パックが未開封の場合は100ccを取り出し、使用する900ccだけが入っている状態にする。

2

耐熱ボウルに使用する牛乳900ccのうち500ccを入れ、**A**を加えて泡立て器で混ぜる。

3

電子レンジで2分30秒加熱し、熱いうちに粉ゼラチンを加え、手早く混ぜて完全に溶かす。

POINT 溶けないときは追加加熱を。

4

残りの牛乳400ccが入っている牛乳パックに**3**を流し入れる。

5

開け口を手でしっかり押さえ、全体が混ざるように振り、冷蔵庫で5〜6時間ほど冷やし固める。

MEMO

パックから取り出しやすいよう仕上がりはかため。やわらかめにしたい場合はゼラチンの量を調整して。

そのまま牛乳パックレアチーズケーキ

迫力満点の見た目だけでなく美味しさも格別！ あっという間に売り切れます。

材料　牛乳1Lパック1本分		
牛乳…500cc （「森永のおいしい牛乳」を使用）	クリームチーズ（常温に戻す）…400g 砂糖…85g	レモン汁…大さじ2 粉ゼラチン…10g

1

牛乳パックが未開封の場合は500
ccを取り出し、使用する500ccだ
けが入っている状態にする。

2

フードプロセッサーに使用する牛
乳500ccのうち300cc、クリームチ
ーズ、レモン汁を入れ、なめらか
になるまで混ぜる。

3

耐熱ボウルに残りの牛乳200ccと
砂糖を入れ、泡立て器でさっと混
ぜる。

4

電子レンジで1分10秒〜1分20秒
加熱し、熱いうちに粉ゼラチンを
加え、手早く混ぜて完全に溶かす。

5

2のフードプロセッサーに4を加
え、さらに混ぜる。

6

牛乳パックに流し入れ、冷蔵庫で
5〜6時間ほど冷やし固める。

POINT　溶けないときは追加加熱を。

そのままジュースパックゼリー

パックで作ると食べ放題なので、おやつにもパーティーメニューにもぴったり！ お好みのジュースでお試しください。

材料 ジュース1Lパック1本分

ジュース（果汁100％のものを使用）…1L　　　粉ゼラチン…20g

1 ジュースを常温に戻し、200ccを取り出し、耐熱容器に入れる。

2 電子レンジで1分10秒～1分20秒加熱し、熱いうちに粉ゼラチンを加え、泡立て器で手早く混ぜて完全に溶かす。

POINT　溶けないときは追加加熱を。

3 2をジュースが入っていたパックに戻す。

4 開け口を手でしっかり押さえ、全体が混ざるように振り、冷蔵庫で5～6時間ほど冷やし固める。

MEMO

取り出すときはパックの側面を押して、ゼリーとの間に空気を入れるようにすると、つるんと取り出せます。甘さ控えめなので、甘めにしたい場合はお好みで砂糖大さじ1～3程度追加してください。

CHAPTER

7

ポリ袋おやつ

てぬき感満載のポリ袋レシピなら、
おやつ作りのハードルが一気に下がること間違いなし！
あまりにも簡単すぎるので、
お菓子作りをしていることを一瞬忘れるくらい。
洗い物がほんの少しですむのも、
このレシピのうれしいところです♪

手土産にも♪ ふんわりしっとりマフィン

これ以上簡単なマフィンを知らない！ 簡単なのに絶品で、リピート間違いなし。

材 料 アルミカップ6個分

ホットケーキミックス…150g　卵…1個
牛乳…60cc　砂糖…50g　油…60cc

1

ポリ袋にすべての材料を入れて粉っぽさが
なくなるまで混ぜる。

2

ポリ袋の角を切り、アルミカップに生地を
絞り出す。

3

トースターで18〜20分焼く。4分ほど経
ち焼き色がついたら、途中でアルミホイル
を被せる。

MEMO

手で触れるくらいの
熱さになったら、ラ
ップでぴったりと包
むと、しっとり感を
キープできます。

**オーブンで
作るときは…**

3で天板にアルミカ
ップをのせ、180℃
に予熱したオーブン
で15〜20分焼く。

カリッふわっ! バナナドーナツ

バナナの甘さが優しい味のドーナツ。揚げ焼きなら少ない油でできてラクチンです♪

材料 10～12個分

バナナ…1本　ホットケーキミックス…150g　卵…1個　油…適量

1

ポリ袋に油以外の材料を入れ、手でバナナをつぶしながらよく揉んで粉っぽさがなくなるまで混ぜる。

2

フライパンに油を深さ1cmほど入れて170℃に熱し、弱火にする。1のポリ袋の角を切って生地を絞り出し、キッチンばさみで切り落とす。

3

カリッとしてきたら裏返し、きつね色になるまで揚げ焼きする。

MEMO

バナナの甘みだけでも十分美味しいですが、砂糖やチョコレートソースを加えたり、アイスクリームを添えたりと、好みでアレンジしても。

レンジスノーボールクッキー

ホロホロとくずれる食感が魅力のクッキー。ポリ袋とレンジなら超速でできちゃう!

材料 約16個分

A	薄力粉…100g	油…大さじ3
	砂糖…大さじ3	粉砂糖…好みの量

1

ポリ袋に **A** を入れて振る。

POINT ココア味にする場合は薄力粉を大さじ1減らし、ココアパウダー大さじ1を加える。

2

油を加え、ひとまとまりになるまでよく揉んで混ぜる。

3

ポリ袋から出し、ヘラなどで16等分してそれぞれ丸める。

4

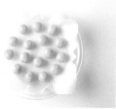

クッキングシートに並べ、電子レンジで2〜3分加熱する。

POINT 場所によって熱の通りが変わるため、焦げないようにできたものから取り出す。

5

粗熱をとり、粉砂糖をふる。

MEMO

できたてはやわらかめですが、冷めるとサクホロ食感になります。

サクサク軽〜い！ラングドシャ

卵白が余ったらこれ！ ポリ袋で材料を混ぜるときは、しっかりめにするのがポイント。

材料 15〜20枚分

A	砂糖…15g	卵白…1/2個分
	バター…15g	薄力粉…15g

1

ポリ袋に**A**を入れ、クリーム状になるまでよく揉んですり混ぜる。

2

卵白を数回に分けて加え、空気をふくむようによく揉んですり混ぜる。
POINT 1、**2**でしっかり混ぜることが大切。

3

薄力粉をふるい入れ、さらに揉んで粉っぽさがなくなるまで混ぜる。

4

ポリ袋の角を切り、油（分量外）を塗ったアルミホイルの上に平たい円形に絞り出す。
POINT サクサク感を出すため薄めに。

5

トースターで7〜10分焼く。3〜4分経ち焼き色がついたら、途中でアルミホイルを被せる。
POINT 冷めるとサクサクになる。

オーブンで作るときは…

4でクッキングシートを敷いた天板に生地を絞り、180℃に予熱したオーブンで10分焼く。

アーモンド
スライスクッキー

優しく混ぜたら成形なしで、
広げてそのまま焼くだけ。
スーパー時短でおしゃれな
クッキーが完成します！

材料 16〜18枚分

A ┃ 卵…1/2個　　薄力粉…25g
　 ┃ 砂糖…20g　　アーモンドスライス…40g

1

ポリ袋に **A** を入れ、よく揉んですり混ぜる。

2

薄力粉をふるい入れ、よく揉んで粉っぽさがなくなるまで混ぜる。

CHAPTER

7

ポリ袋おやつ

3

アーモンドスライスを加え、優しく混ぜる。

POINT アーモンドスライスが割れないように気をつける。

4

ポリ袋の角を大きめに切り、油（分量外）を塗ったアルミホイルの上に生地を絞り出してゴムベラで薄く広げる。

5

トースターで13〜15分焼く。4〜5分経ち焼き色がついたら、途中でアルミホイルを被せる。熱いうちに切り分ける。

オーブンで作るときは…

4 でクッキングシートを敷いた天板に生地を広げ、160℃に予熱したオーブンで15〜20分焼く。

79

チーズたっぷりポンデケージョ

もちもち食感のポンデケージョ！ お子さんのおやつにも大人のおつまみにも大人気です。

材料 **12個分**

A	白玉粉…50g	B	ピザ用チーズ…70g
	牛乳…50cc		ホットケーキミックス…25g

1

ポリ袋に**A**を入れ、ダマがなくなるまでよく揉んですり混ぜる。

POINT ダマがなくならないときは5分ほど置き、再び揉み混ぜる。

2

Bを加え、ひとまとまりになるまでさらに揉み混ぜる。

3

12等分して丸め、油（分量外）を塗ったアルミホイルに並べ、トースターで15分焼く。焼き色がついたら、途中でアルミホイルを被せる。

オーブンで
作るときは…

3でクッキングシートを敷いた天板に生地を並べ、180℃に予熱したオーブンで10〜15分焼く。

フライパンで
揚げ焼きおやつ
〜甘いもの〜

面倒で敬遠しがちな揚げ物は、
少ない油で揚げ焼きしたらもうお悩み解決!
なかなか手が出しにくかったドーナツやパイも、
これなら気軽に作れます。もちろん、美味しさはお墨付き!

ヨーグルトの
ふわふわドーナツ

ふわふわ食感の秘密はヨーグルト！
クッキングシートを使えばラクラク成形できるので、
ドーナツ型いらずです。

A | 卵…1個
プレーンヨーグルト…70g

ホットケーキミックス…150g
油…適量　砂糖(まぶす用)…適量

1

ボウルに**A**を入れ、泡立て器でしっかりと混ぜる。

2

ホットケーキミックスを加え、ゴムベラでさっくりと混ぜる。

3

ポリ袋に入れて角を切り、10cm四方に切ったクッキングシートの上にドーナツ形に絞り出す。

4

フライパンに油を深さ1cmほど入れて170℃に熱し、弱火にする。**3**をクッキングシートごと入れ、片面が焼けたら裏返してクッキングシートを外す。

5

両面がカリッとしたら油を切って上げ、熱いうちにたっぷりの砂糖をまぶす。

CHAPTER
8

フライパンで揚げ焼きおやつ 〜甘いもの〜

MEMO

3でポリ袋の角を切るときは、まずは気持ち小さめに切り、様子をみながら切り口を広げるようにして調整してください。

ハートの
スイートチュロス

簡単にできてかわいい見た目のハートのチュロス。
ハート以外にもいろいろな形に作ってみても楽しいかも！

A	卵…1個	ホットケーキミックス…150g
	牛乳…大さじ1	油…適量
	油…大さじ1	砂糖(まぶす用)…適量

1

ボウルに**A**を入れ、泡立て器でよく混ぜる。

2

ホットケーキミックスを加え、ゴムベラで切るように混ぜる。

3

二重にして星形の口金をつけた絞り袋に入れ、8cm四方に切ったクッキングシートの上にハート形に絞り出す。

POINT　生地がかたいので絞り袋を二重にする。

4

フライパンに油を深さ1cmほど入れて170℃に熱し、弱火にする。**3**をクッキングシートごと入れ、片面が焼けたら裏返してクッキングシートを外す。

5

両面がカリッとしたら油を切って上げ、熱いうちにたっぷりの砂糖をまぶす。

MEMO

簡単に作りたいときは棒状に絞るのもオススメ！　映画館やテーマパークで売っていそうな見た目に♪

CHAPTER

8

フライパンで揚げ焼きおやつ ～甘いもの～

餃子の皮で
とろ～りアップルパイ

アップルパイも餃子の皮を使えば超お手軽！
サクサクの皮にとろ～り熱々のりんごのフィリングがたまりません。

材料 15個分

りんご…1個 　　　　　 餃子の皮…15枚
A ｜砂糖…25g 　　　　　 油…適量
　｜バター…10g

1

りんごは細かく切って耐熱容器に入れる。

2

Aを加えて電子レンジで4分加熱し、取り出して混ぜる。

3

再び電子レンジで4分加熱して混ぜ、粗熱をとる。

4

餃子の皮に**3**を適量のせ、端を水でとめフォークで跡をつける。

5

フライパンに油を深さ5mmほど入れて中火で熱し、**4**を入れて両面がカリッとするまで揚げ焼きにする。

MEMO

りんごのフィリングが熱いと、餃子の皮に包んだ際に皮が濡れて破れやすくなるので、しっかり冷ましてから包んでください。

フライパンで揚げ焼きおやつ〜甘いもの〜

餃子の皮でチョコバナナパイ

とろけたチョコとバナナとサクサクの皮のコラボは、想像の5倍美味しい♪

材料 15個分

バナナ…1本　チョコレート…50g　餃子の皮…15枚　油…適量

1

チョコレートはピースに割り、バナナは細かく切る。

2

餃子の皮に**1**を適量のせ、端に水をつけて、下を折る。

3

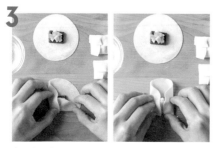

左、右、上の順に折り、四角く包む。

POINT　バナナの水分で餃子の皮が濡れると破れやすくなるので、包んだらすぐに揚げ焼きする。

4

フライパンに油を深さ5mmほど入れて中火で熱し、**3**を入れて両面がカリッとするまで揚げ焼きにする。

春巻きの皮であんことチーズの三角パイ

CHAPTER 8

春巻きの皮でくるくる包んで揚げることで層になり、新感覚の絶品スイーツに！

フライパンで揚げ焼きおやつ〜甘いもの〜

材料 10個分

| 春巻きの皮…5枚 | A | こしあん…100g | 水溶き薄力粉…適量 |
| | | クリームチーズ…50g | 油…適量 |

1 春巻きの皮は斜め半分に切る。

2 Aを適量のせて三角になるように折る。

3 できあがりが三角形になるように、下から折り、端を水溶き薄力粉でとめる。
POINT 水溶き薄力粉は水と薄力粉を1対1で混ぜて作る。

4 フライパンに油を深さ5mmほど入れて中火で熱し、**3**を入れて両面がカリッとするまで揚げ焼きにする。

89

知っておきたい！
おやつ作りのQ&A

ここでは、YouTubeでよくいただくご質問にお答えします！
ぜひこちらを参考に、美味しいおやつを作ってくださいね♪

Q メレンゲが泡立たない。

A 原因としては、「水分、油分が混ざっている」「卵が常温になっている」「卵が古い」などが考えられます。そのため、泡立たないときは下記に気をつけてチャレンジしてみてください！

・きれいなボウルやハンドミキサーを使う
・卵は冷蔵庫から出してすぐ使う
・新鮮な卵を使う

また、卵黄が混ざってしまった場合も泡立ちにくくなってしまいますので、割るときには注意を。メレンゲはしっかり泡立てることが大切ですが、泡立てすぎるとキメが粗くなってしまいます。ツノが立ち、ツヤが出てくるのを目安にして。

Q ゼラチンが固まらない。

A 沸騰させてしまったり、逆に加熱温度が低すぎても、うまく固まりません。80℃以上の液体にふりかけて、しっかり溶かしましょう。
また、パイナップル、キウイ、かんきつ類などのフルーツを生の状態で混ぜてしまうこともゼラチンが固まりにくくなる原因に。これらのフルーツを入れたいときは缶詰のものを使用してください。

Q 型からきれいに取り出すには？

A 手順通りに作っているのにうまくいかない場合は、炊飯器やシリコン型であれば、加熱が不足している可能性があります。また、冷めてから取り出すレシピの場合は、しっかり冷ますと取り出しやすくなります。また、型に傷がついているなど劣化していることも失敗の原因に。
本書で使用したアルミ製パウンドケーキ型の場合はきれいに取り出すのは難しいので、4つ角にハサミで切れ目を入れて取り出しましょう。

Q スフレがうまく膨らまない。

A メレンゲがやわらかすぎたり、生地に混ぜ込むときに気泡がつぶれてしまうと膨らみません。しっかり泡立てたメレンゲをゴムベラでさっくり混ぜるようにしましょう。
また、生地を混ぜたあとにすぐオーブンで焼かないことも膨らみが悪くなる原因に。混ぜたらすぐに焼くようにしてください。

Q チョコレートが分離してしまった。

A チョコレートが分離してしまう原因は、「溶かす温度が高すぎる」「水分が入ってしまった」のどちらかのことが多いのではないかと思います。チョコレートを電子レンジで加熱するときには、加熱しすぎないよう注意しながら行ってください。
また、分離してしまったときにはお好みの割合でホットミルクに溶かすことで、ホットチョコレートになりますよ♪

Q 寒天が固まらない。

A 寒天は1〜2分ほど沸騰させて煮溶かす必要があります。しっかり沸騰しているか、加熱時に確認を。
また、酸に弱く、レモンやオレンジなどのかんきつ類と煮てしまうと固まらなかったり、緩くなってしまうことがあります。それらを入れたいときには、しっかり沸騰させて寒天を煮溶かしたあとに、火を止めてから加えてくださいね。

フライパンで
揚げ焼きおやつ
～塩系～

おやつといえば甘いものが定番ですが、やっぱり塩系も外せません♪
塩系の中でも、病みつきになると大好評のレシピばかりを
集めました。こちらも揚げ焼きで簡単に。
それどころかレンジでできちゃうものまで！
手が止まらなくなる危険な美味しさを、ぜひお楽しみください。

もちもち
チーズポテトボール

もちもちのじゃがいも生地の中に入ったチーズがとろ～りとろける！
簡単なのに子どもも大人も大絶賛のレシピです。

材料 8個分

じゃがいも…2個
|　　ピザ用チーズ…30g
A　片栗粉…大さじ2
|　　顆粒コンソメ…小さじ1

ピザ用チーズ(包む用)…30g
片栗粉(まぶす用)…適量
油…適量

1

じゃがいもは皮をむき、2cm角に切る。

2

耐熱ボウルに入れ、ふんわりとラップをして電子レンジで6〜7分加熱する。

3

Aを加え、フォークでじゃがいもをつぶしながら全体を混ぜ合わせる。

4

粗熱がとれたら8等分にし、ピザ用チーズを適量包み、球状に成形する。

POINT　焼くときにチーズが飛び出ないようにしっかりと包む。

5

全体に片栗粉をまぶす。

6

フライパンに油を深さ5mmほど入れて弱火で熱し、全体がカリッとするまで転がしながら揚げ焼きにする。

朝ごはんにもいい♪ ハッシュドポテト

まわりはカリカリ、中はホクホク。一口食べたら、手がとまりません！

材料 6個分		
じゃがいも…2個	A 片栗粉…大さじ1 塩…適量 ブラックペッパー…適量	油…適量

1

じゃがいもは皮をむき、5mm角に切る。

2

耐熱ボウルに入れ、ふんわりとラップをして電子レンジで6～7分加熱する。

3

フォークで粗くつぶし、**A**を加えて混ぜ合わせる。
POINT 完全につぶさず食感を残す。

4

粗熱がとれたら6等分にしてラップで包み、小判形に成形する。

5

フライパンに油を深さ5mmほど入れて中火で熱し、両面がカリッとするまで揚げ焼きにする。

MEMO
一口サイズで作って、お弁当のおかずにするのもオススメ。

おやつにもおつまみにも! ベーコンポテト

じゃがいものでんぷん質で生地がくっつくので、せん切り後は水にさらさずに作ってね。

材料 1枚分

じゃがいも(皮をむく)…1個　ハーフベーコン…2〜3枚　油…大さじ2

1

じゃがいもとベーコンはせん切りにする。
POINT カリッと仕上げるため、できるだけ細く切る。

2

フライパンに油をひいて中火で熱する。ベーコンを全体に広げ、上にじゃがいもを薄く広げて重ね、フライ返しで押しながら焼く。

3

底がカリッとしたらフライパンを揺らし、まな板などにすべらせるようにのせて裏返す。

4

反対側もフライ返しで押しながら焼き、両面がカリッとするまで焼く。

フライパンで作る
フライドポテト

少ない油でもカリッカリに！　片栗粉多めの衣が美味しさのポイントです。
揚げ焼きするときは、衣が固まるまではさわらずに我慢してね。

じゃがいも…2個 　　　油…適量

A ｜ 片栗粉…大さじ2 　　塩…適量
　｜ 薄力粉…大さじ1

1

じゃがいもは皮をむき、細切りにする。
POINT 細めにするとカリカリ食感、太めにするとホクホク食感になる。

2

5分ほど水にさらす。

3

キッチンペーパーで水気をしっかりと拭き取る。

4

ポリ袋に3とAを入れ、全体に粉がいきわたるように振る。

5
火をつけていないフライパンに入れ、じゃがいもがギリギリつかる量の油を加える。

6
中火で10分ほど揚げ焼きする。底がカリッとするまでは触らず、カリッとしたら全体を混ぜ、きつね色になるまで焼く。

7

油を切って上げ、塩をふる。

MEMO
冷たい油から揚げ焼きすることで、失敗知らず。カリカリホクホクに仕上がります♪

CHAPTER
9
フライパンで揚げ焼きおやつ ～塩系～

ヘルシー！ ノンオイルポテトチップス

ダイエット中にうれしいノンオイルなのに、サクサク美味しくて大満足！

材料 1〜2人分

じゃがいも…1個　塩…適量

1

じゃがいもは皮をむき、薄切りにする。

2

クッキングシートに並べ、全体に塩をふる。

3

電子レンジで5分加熱する。

4

裏返して再び電子レンジで1〜3分加熱し、サクサクになったものから取り出す。

POINT　場所によって熱の通りが変わるため、焦げないように注意して加熱時間を調節する。

CHAPTER

10
食パンおやつ

食パンに材料をのせて焼くだけで、あっという間に完成！
固めたり冷やしたりする手間がなく、
すぐに食べられるものばかりなので、
"今すぐおやつが食べたい！"というときにオススメです。
ボリュームがあるので
朝ごはんやランチがわりにもOK！

サクサク
メロンパントースト

みんな大好きなメロンパンも食パンで作れば超簡単。
バターの香りがたまらない幸せの極み。

バター…20g　　　　　食パン…1枚
A　薄力粉…大さじ2
　砂糖…大さじ1

1

耐熱ボウルにバターを入れ、電子レンジで10秒加熱する。

POINT　溶けきっていなくても、やわらかくなればOK。

2

Aを加えて混ぜる。

POINT　白くふんわりとなるまでを目安に。

3

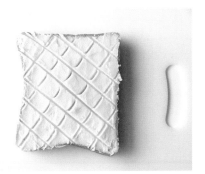

食パンに塗り、包丁の背などで格子状に模様をつけ、トースターで焼き色がつくまで4〜5分焼く。

MEMO

できたてはクッキー生地がやわらかめですが、少しおくとサクサクになります。

CHAPTER
10

食パンおやつ

プリンでフレンチトースト風トースト

熱々トロトロのプリンと食パンを一緒に頬張ると、まさに即席のフレンチトースト!

材料 食パン1枚分

食パン…1枚　プリン(1個67gの「プッチンプリン」を使用)…1個

1

アルミホイルに食パンをのせる。プリンをスプーンですくって全体にのせ、トースターでプリンがとろけるまで6〜7分焼く。

MEMO

プリンがこぼれるのでアルミホイルにのせて焼いてください。

キャラメルスモアトースト

キャラメルの香ばしさととろけるマシュマロの組み合わせ。この美味しさは罪！

材料 食パン1枚分

キャラメル(「森永ミルクキャラメル」を使用)…15g
食パン…1枚　マシュマロ…好みの分量

1

キャラメルは2mm幅に切り、食パン全体に散らす。

2

トースターで1分焼く。

3

全体にマシュマロをのせ、焼き色がつくまで2〜3分焼く。

POINT　マシュマロが焦げないよう、様子をみながら焼く。

MEMO

マシュマロは焦げやすいので、先にキャラメルのみで焼いて溶かしておきます。

明太フランス風トースト

明太フランス好き必見！ このレシピがあればいつでも簡単に好きなだけ食べられます。

材料 食パン1枚分			
バター…大さじ1	**A**	明太子(薄皮を取り除く)…20g	食パン…1枚
		マヨネーズ…大さじ1	刻み海苔…適量

1

耐熱容器にバターを入れ、電子レンジで10秒加熱する。**A**を加えて混ぜる。

2

食パンに塗り、トースターで焼き色がつくまで3〜4分焼く。

3

刻み海苔を散らす。

MEMO

1でにんにくやチーズをプラスしても美味しくできます♪

やみつきカルボナーラトースト

カルボナーラをトーストにしちゃいました。ボリュームもあっておなかいっぱい♪

材料 食パン1枚分

ハーフベーコン…2枚　食パン…1枚　マヨネーズ…適量
卵…1個　ピザ用チーズ…適量

1

ベーコンは食べやすい大きさに切る。

2

食パンをアルミホイルにのせ、ふちにマヨネーズで壁を作る。真ん中を押してへこませ、卵を割り入れる。

3

1とピザ用チーズをのせ、トースターで焼き色がつくまで5〜7分焼く。

MEMO

卵の半熟が好きな方は短めに、しっかり焼きたい派の方は長めに焼いてください。

チーズケーキ風トースト

ヨーグルト、ジャム、チーズの意外な組み合わせが絶妙！ 好きなジャムでアレンジしてね。

材料 食パン1枚分

食パン…1枚　プレーンヨーグルト…大さじ2
好みのジャム…大さじ1　ピザ用チーズ…好みの分量

1

食パンにヨーグルトをのせて全体に広げる。

2

ジャムをのせて広げる。

3

ピザ用チーズをのせ、トースターで焼き色
がつくまで3〜4分焼く。

MEMO
ブルーベリー、イチ
ゴ、りんご、マーマ
レードなどのジャム
も合いますよ♪

CHAPTER

11

らくちん
アイスクリーム

てぬキッチンレシピの中でも人気のアイスクリームシリーズ！
どれも冷凍途中でかき混ぜる工程が
いらない超簡単レシピなので、
冷凍庫に入れるまで頑張ったらあとはできあがりを待つのみ！
簡単すぎるので冷凍庫がアイスクリームで
いっぱいになってしまったら、ごめんなさい。

超濃厚バニラアイスクリーム

簡単でかき混ぜ不要なのに濃厚でクリーミーで、まるで高級アイスの味!

材料 2～3人分

A	卵…1個	砂糖…35g	バニラエッセンス…数滴
	卵黄…1個分	生クリーム…100cc	

1

ボウルにAを入れて溶きほぐし、砂糖を加えてハンドミキサーで白くもったりとするまで混ぜる。

2

バニラエッセンスを加えてさっと混ぜる。

3

別のボウルに生クリームを入れ、ハンドミキサーで混ぜて八分立てにする。

POINT 生クリームは脂肪分の高いものがオススメ。

4

2のボウルに3を加え、ゴムベラでさっくりと混ぜる。

5

容器に流し入れ、冷凍庫で4～5時間ほど冷やし固める。

MEMO
余った卵白でP.77のラングドシャを作ってね!

濃厚チョコレートアイスキューブ

しっかりとろみがつくまで煮詰めることが、まったり濃厚になるポイントです。

材料 8個分

生クリーム…100cc　牛乳…100cc　ココアパウダー…20g　砂糖…30g

1

小鍋にすべての材料を入れ、泡立て器で混ぜる。

2

全体がある程度混ざったら弱火で熱し、とろみがつくまで混ぜながら煮詰める。

3

粗熱がとれたら製氷皿に流し入れ、冷凍庫で3〜4時間ほど冷やし固める。

MEMO

製氷皿から取り出しにくい場合は、少し常温に置くか裏側を水に浸してから、ナイフなどを四方に入れてくり抜くときれいに出せます。

作業時間5分! バナナアイスクリーム

保存袋に材料を入れて混ぜるだけ。目をつむってでも作れそうなほど簡単!

材料 2〜3人分

バナナ…2本　生クリーム…100cc　はちみつ…大さじ1

1

保存袋にすべての材料を入れ、バナナを手でつぶしながらなめらかになるまで揉み混ぜる。

POINT はちみつの量はバナナの甘さに合わせて調整する。

2

平らにならし、冷凍庫で2〜3時間ほど冷やし固める。

3

なめらかになるまで揉みほぐして器に盛る。

MEMO

バナナはしっかり熟しているものを使うのがオススメです。

ザクザク食感のオレオアイスクリーム

人気アイスの定番！ バニラアイスと「オレオ」の最強コンビは、食感がいいアクセントに♪

材料 2〜3人分

卵…1個　砂糖…25g　生クリーム…100cc
「オレオ」…4枚　バニラエッセンス…数滴

1

ボウルに卵を割り入れて溶きほぐし、砂糖を加えてハンドミキサーで白くもったりとするまで混ぜる。

2

別のボウルに生クリームを入れ、ハンドミキサーで混ぜて八分立てにする。

3

1に2を入れ、ゴムベラでさっくりと混ぜる。「オレオ」を割り入れ、バニラエッセンスを加え、さらに混ぜる。

4

容器に流し入れて冷凍庫で4〜5時間ほど冷やし固める。

大人気! チョココーヒーアイス

みんなが大好きなあの味を再現。クセになる味わいと手軽さにリピート決定!

材料 2〜3人分

牛乳…400cc

A
砂糖…50g
インスタントコーヒー…4g
ココアパウダー…4g

1

耐熱容器に牛乳100ccとAを入れ、電子レンジで1分加熱する。

2

泡立て器でよく混ぜ、しっかりと溶かす。

3

残りの牛乳300ccを加えてさっと混ぜ、保存袋に流し入れ、平らにならして冷凍庫で2〜3時間ほど冷やし固める。

4

なめらかになるまで揉みほぐして器に盛る。

材料2つだけ! あずきバー

こちらも冷凍庫に入れるまでに5分もかからない、簡単すぎるレシピです。

―――――――― 材料 **3本分** ――――――――

ゆであずき…200g　牛乳…100cc

1

ボウルにすべての材料を入れ、スプーンで混ぜる。

2

アイスバーメーカーに流し入れ、スティックを刺して冷凍庫で4〜5時間ほど冷やし固める。

POINT 製氷皿でも作れる。

おうちで白くま風アイスバー

おなじみの練乳ミルクとフルーツとあずきのコラボレーションが、もう最高！

材料 3本分

フルーツミックス缶…適量	A	牛乳…150cc	ゆであずき…適量
		練乳…大さじ2	

1

フルーツ缶から果肉を取り出し、細かく切る。

2

計量カップにAを入れてスプーンで混ぜる。

3

アイスバーメーカーに1とゆであずきを適量ずつ交互に入れる。

4

2を流し入れ、スティックを刺して冷凍庫で4～5時間ほど冷やし固める。

POINT　製氷皿でも作れる。

12

レンジで
和菓子

繊細で手間と時間がかかって
難しいイメージのある和菓子を、
まさかのレンジで作っちゃいます！
どのレシピも特別な道具も材料も必要ありません。
ぜひ、美味しいお茶と一緒にお召し上がりください♪

やわやわで
もちもち〜！
バター餅

バターを入れることでとっても
やわらかくてもちもちのお餅に！
優しい甘さとバターの風味が
クセになる味わいです。

材料 2～3人分

切り餅…3個　　　　　片栗粉(打ち粉用)…適量
　　卵黄…1個分
A　砂糖…25g
　　バター…15g

1

耐熱ボウルに餅を入れ、全体にかかるように水大さじ3（分量外）をふり、電子レンジで2分30秒ほど加熱する。

POINT　かたい部分がある場合は追加で加熱する。

2

餅がやわらかくなったら**A**を加え、ゴムベラで全体が均一になるようによく混ぜる。

POINT　混ぜ続けていると、だんだん馴染んでくる。

3

打ち粉をした台にのせる。

4

手に打ち粉をして好みの大きさに成形する。

MEMO 📝

バター餅は常温なら1日、冷蔵なら2～3日を目安に保存してください。冷蔵庫に入れるとかたくなるので、電子レンジで加熱したり、トースターでカリッと焼いてからお召し上がりください♪

材料3つだけ! ぷるんぷるんの牛乳寒天

お好みで中にしっかり水気を切ったフルーツを入れても美味しく作れます♪

材 料 10cm×10cmの容器1台分		
牛乳…250cc	**A**	砂糖…15g
		粉寒天…1g

1

大きめの耐熱ボウルに牛乳100ccと**A**を入れて混ぜ、電子レンジで2分～2分半加熱する。

POINT ふきこぼれないように大きめの耐熱容器を使う。

2

沸騰したら取り出してよく混ぜ、残りの牛乳を加えてさらに混ぜる。

3

型に流し入れ、冷蔵庫で1～2時間ほど冷やし固める。

MEMO

少なめの寒天で作るので、やわらかくてぷるんぷるんの食感になります。

材料3つだけ! ひんやり美味しい水羊羹

老若男女に愛される水羊羹。レンジで作るとこれまた超簡単で爆速!

材料 14cmのパウンドケーキ型1台分

A | 水…250cc　　　こしあん…200g
粉寒天…2g

1

大きめの耐熱ボウルに**A**を入れて混ぜ、電子レンジで3分半〜4分加熱する。

2

沸騰したら取り出してよく混ぜ、こしあんを少しずつ加え、混ぜ溶かす。

3

ラップを敷いた型に流し入れ、粗熱がとれたら冷蔵庫で2〜3時間ほど冷やし固める。

MEMO

パウンドケーキ型がなければ、おうちにある近いサイズの容器や器で代用OKです!

蒸さずに作る
栗蒸し羊羹

上品な味わいで大人気の栗蒸し羊羹も
レンジにお任せ！
栗は多めに入れても美味。

	材料 14cmのパウンドケーキ型1台分

A こしあん…200g　　栗の甘露煮…4個
　薄力粉…30g
　砂糖…20g
　水…100cc

1

ボウルに**A**を入れてゴムベラで混ぜる。

2

ザルで濾して耐熱ボウルに入れ、ふんわりとラップをして電子レンジで3分加熱する。

3

取り出してむらなくしっかりと混ぜ、再びふんわりとラップをして電子レンジで2分加熱する。

4

取り出してしっかりと混ぜ、ラップを敷いた型に入れる。
POINT　濡らしたスプーンで押しながら底や端までしっかりと詰める。

5

栗の甘露煮を押し込むようにしてのせる。粗熱がとれたら冷蔵庫で2～3時間ほど冷やし固める。

MEMO

このレシピの型もおうちにあるもので代用できます！長方形のお皿やガラス容器などを使ってみて。

雪のようにとろける
抹茶の淡雪かん

ふわ〜っと口の中でとろける食感と抹茶の香り高い風味が特徴の和菓子。
高級感のある一品なので、おもてなしにも。

A	砂糖…25g	水…75cc
	抹茶パウダー…大さじ1/2	卵白…1個
	粉寒天…2g	

1

耐熱ボウルに**A**を入れて泡立て器で混ぜる。

2

水を加え、さらに混ぜる。

3

別のボウルに卵白を入れ、ハンドミキサーで混ぜてかためのメレンゲを作る。

4

2を電子レンジで40秒加熱し、いったん取り出して混ぜる。再度1分〜1分30秒加熱し、沸騰したら取り出してよく混ぜる。

5

熱いうちに**3**のボウルに**4**を少量ずつ加えてよく混ぜる。

6

濡らした容器に流し入れ、冷蔵庫で2〜3時間ほど冷やし固める。

POINT　すぐに固まり始めるので、**5**、**6**は手早く行う。

簡単! かわいい! てぬきラッピング

誰でも簡単にできるラッピングで、作ったおやつをかわいく飾ってみませんか?
材料はどれも100円ショップなどで購入可能です♪

材料

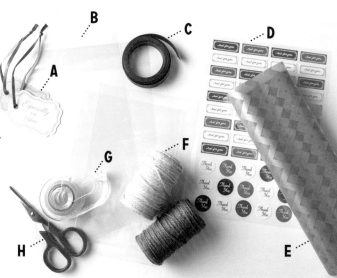

A タグ
ポイントになってかわいい! メッセージを書けるものも。

B クリアーバッグ
サイズやマチのありなしなど、おやつに合わせて選んで。

C リボン
華やかさをプラス。お好みの色をチョイスしてください♪

D シール
簡単におしゃれ感をUPしてくれる重要アイテムです。

E ワックスペーパー
種類豊富なワックスペーパー!デザイン次第で仕上がりは自由自在♪

F 麻ひも
2色を合わせて使うことで、ワンランクUPの見映えに。

G セロハンテープ
クリアーバッグを留める際に使用。目立たない透明が◎。

H ハサミ
いつも使っているものでOK! 清潔なものを使いましょう。

パウンドケーキ型のラッピング

1

ケーキが入るサイズのマチ付きクリアーバッグに、型のままケーキを入れる。

2

ケーキを端に寄せ、余ったクリアーバッグを折り返し、テープで留める。袋の口もテープで閉じる。

3

麻ひもをケーキにクロス掛けし、必要な長さを確認してからハサミでカットする。

4

3と違う色の麻ひもを用意し、3と同じ長さにカットする。

5

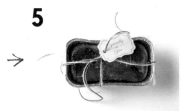

2色の麻ひもを重ねてケーキにクロス掛けし、タグを通してから蝶々結びにする。

> 2で、クリアーバッグに緩みがないようにピッタリとセロハンテープで留めるとできあがりがきれいです♪

マフィンのラッピング

1

油分がクリアーバッグにつかないように、クッキングシートに包んだ状態でマフィンを入れる。

2

クッキングシートを抜き、セロハンテープで袋の口を閉じ、2色の麻ひもを重ねて蝶々結びしてシールを貼る。

クッキーのラッピング

1

クリアーバッグの中にピッタリと収まるサイズにワックスペーパーをカットして、中に入れる。

→

2

箸を使って中にクッキーをそっと入れ、袋の口を折り返してセロハンテープで閉じる。

→

3

リボンを短くカットしてバランスよく交差させ、重なった部分にシールを貼って留める。

カットケーキのラッピング

1

クリアーバッグのサイドの片方と底の部分をハサミで切り、開いて1枚に広げる。

→

2

中央の線にカットケーキの丸い部分を合わせるように、カットケーキを置く。

→

3

クリアーバッグの手前から、隙間ができないようにケーキに沿って包む。左側も同様に包む。

4

余った部分を折り込み、表から見えないようセロハンテープで留めながら、残りも同様に包む。

→

5

全体を隙間なく包んだら、表面にシールを貼る。

> 表面からはクリアーバッグの重なりやセロハンテープができるだけ見えないように包んでください♪

完成！

食材別INDEX

小麦粉・ミックス粉

●片栗粉
片栗粉でもちもちタピオカ…………54
もちもちチーズポテトボール………92
朝ごはんにもいい♪
ハッシュドポテト…………94
フライパンで作るフライドポテト 96
やわやわでもちもち～！ バター餅……116

●白玉粉
チーズたっぷりポンデケージョ……80

●薄力粉
ザクザク食感！
焼きチョコ風クッキー…………14
焼き時間3分！ トースタークッキー…26
生クリームパウンドケーキ…………40
ピザチーズスフレチーズケーキ……44
ヨーグルトスフレケーキ…………46
しっとり濃厚バスクチーズケーキ……48
濃厚なめらかプリンケーキ…………50
世界一簡単なチーズケーキ…………62
レンジスノーボールクッキー………76
サクサク軽～い！ ラングドシャ……77
アーモンドスライスクッキー………78
春巻きの皮で
あんことチーズの三角パイ……89
フライパンで作るフライドポテト…96
サクサクメロンパントースト………100
蒸さずに作る栗蒸し羊羹…………120

●ベーキングパウダー
生クリームパウンドケーキ…………40

●ホットケーキミックス
ミルク風味の濃厚スコーン…………20
混ぜて焼くだけ！ 即席もちもちパン 24
ヘルシー！ ふわもちお豆腐パン……32
くるくるロールクレープ…………38
しっとり自家製ハニーカステラ……39
しっとり濃厚ガトーショコラ………58
香りゆたかな紅茶ケーキ…………60
ふわふわ食感のはちみつケーキ……63
優しい甘さのバナナケーキ…………64
手土産にも♪
ふんわりしっとりマフィン…………74
カリッふわっ！ バナナドーナツ…75
チーズたっぷりポンデケージョ……80
ヨーグルトのふわふわドーナツ……82
ハートのスイートチュロス…………84

卵

●卵
超節約たまごアイスクリーム………16
濃厚チョコレートアイスクリーム…18
懐かしい味のレンジプリン…………36
しっとり自家製ハニーカステラ……39
生クリームパウンドケーキ…………40
材料3つのスフレチーズケーキ……42
ピザチーズスフレチーズケーキ……44

ヨーグルトスフレケーキ…………46
しっとり濃厚バスクチーズケーキ…48
濃厚なめらかプリンケーキ…………50
しっとり濃厚ガトーショコラ………58
香りゆたかな紅茶ケーキ…………60
世界一簡単なチーズケーキ…………62
ふわふわ食感のはちみつケーキ……63
優しい甘さのバナナケーキ…………64
手土産にも♪
ふんわりしっとりマフィン…………74
カリッふわっ！ バナナドーナツ…75
アーモンドスライスクッキー………78
ヨーグルトのふわふわドーナツ……82
ハートのスイートチュロス…………84
やみつきカルボナーラトースト……105
超濃厚バニラアイスクリーム………108
ザクザク食感のオレオアイスクリーム 111

●卵黄
しっとり濃厚バスクチーズケーキ…48
超濃厚バニラアイスクリーム………108
やわやわでもちもち～！ バター餅 116

●卵白
サクサクしゅわしゅわ
メレンゲクッキー…………31
サクサク軽～い！ ラングドシャ……77
雪のようにとろける抹茶の淡雪かん 122

乳製品

●牛乳
みんな大好きな懐かしの味！
練乳アイス…………17
2層のマシュマロムースプリン………21
小鍋で簡単！ なめらかチョコプリン 28
小鍋で簡単！ キャラメルプリン…30
懐かしい味のレンジプリン…………36
くるくるロールクレープ…………38
ピザチーズスフレチーズケーキ……44
ヨーグルトスフレケーキ…………46
濃厚なめらかプリンケーキ…………50
ぷるぷるコーヒーゼリードリンク…55
ひんやりコーヒーフラッペ…………56
香りゆたかな紅茶ケーキ…………60
優しい甘さのバナナケーキ…………64
そのままフローズンヨーグルト……66
そのまま牛乳パック杏仁豆腐………68
そのまま牛乳パックプリン…………70
そのまま牛乳
パックレアチーズケーキ…………71
手土産にも♪
ふんわりしっとりマフィン…………74
チーズたっぷりポンデケージョ……80
ハートのスイートチュロス…………84
濃厚チョコレートアイスキューブ…109
大人気！ チョココーヒーアイス…112
材料2つだけ！ あずきバー………113
おうちで白くま風アイスバー………114
材料3つだけ！
ぷるんぷるんの牛乳寒天…………118

●クリームチーズ
作業時間10分！ 超簡単ティラミス… 34
材料3つのスフレチーズケーキ……42
しっとり濃厚バスクチーズケーキ…48
世界一簡単なチーズケーキ…………62
そのまま牛乳パック
レアチーズケーキ…………71
春巻きの皮で
あんことチーズの三角パイ………89

●生クリーム
ミルク風味の濃厚スコーン…………20
とろけるチョコレートムース………22
くるくるロールクレープ…………38
生クリームパウンドケーキ…………40
しっとり濃厚バスクチーズケーキ…48
しっとり濃厚ガトーショコラ………58
世界一簡単なチーズケーキ…………62
そのままフローズンヨーグルトリッチ…67
そのまま牛乳パック杏仁豆腐………68
超濃厚バニラアイスクリーム………108
濃厚チョコレートアイスキューブ…109
作業時間5分！
バナナアイスクリーム…………110
ザクザク食感のオレオアイスクリーム 111

●バター
焼き時間3分！ トースタークッキー…26
ヘルシー！ ふわもちお豆腐パン…32
レーズンバターサンドクッキー……49
しっとり濃厚ガトーショコラ………58
サクサク軽～い！ ラングドシャ……77
餃子の皮でとろ～りアップルパイ…86
サクサクメロンパントースト………100
明太フランス風トースト…………104
やわやわでもちもち～！ バター餅 116

●ピザ用チーズ
ピザチーズスフレチーズケーキ……44
チーズたっぷりポンデケージョ……80
もちもちチーズポテトボール………92
やみつきカルボナーラトースト……105
チーズケーキ風トースト…………106

●プレーンヨーグルト
混ぜて焼くだけ！ 即席もちもちパン 24
ヨーグルトスフレケーキ…………46
ふわふわ食感のはちみつケーキ……63
そのままフローズンヨーグルト……66
そのままフローズンヨーグルトリッチ…67
ヨーグルトのふわふわドーナツ……82
チーズケーキ風トースト…………106

●練乳
そのままフローズンヨーグルトリッチ…67
そのまま牛乳パックプリン…………70
おうちで白くま風アイスバー………114

パン

●食パン
サクサクメロンパントースト………100

プリンでフレンチトースト風トースト … 102
キャラメルスモアトースト ……………… 103
明太フランス風トースト …………… 104
やみつきカルボナーラトースト ……… 105
チーズケーキ風トースト …………… 106

野菜・フルーツ

●じゃがいも
もちもちチーズポテトボール ……… 92
朝ごはんにもいい♪
ハッシュドポテト ………………………… 94
おやつにもおつまみにも！
ベーコンポテト ………………………… 95
フライパンで作るフライドポテト … 96
ヘルシー！
ノンオイルポテトチップス ………… 98

●バナナ
優しい甘さのバナナケーキ ………… 64
カリッふわっ！ バナナドーナツ … 75
餃子の皮でチョコバナナパイ ……… 88
作業時間5分！
バナナアイスクリーム ……………… 110

●りんご
餃子の皮でとろ〜りアップルパイ … 86

ゼラチン・寒天

●粉寒天
失敗知らず！ レンジで作れる琥珀糖 ‥ 52
材料3つだけ！
ぷるんぷるんの牛乳寒天 …………… 118
材料3つだけ！
ひんやり美味しい水羊羹 …………… 119
雪のようにとろける抹茶の淡雪かん ‥ 122

●粉ゼラチン
小鍋で簡単！
なめらかチョコプリン ……………… 28
小鍋で簡単！ キャラメルプリン …… 30
ぷるぷるコーヒーゼリードリンク … 55
そのまま牛乳パック杏仁豆腐 ……… 68
そのまま牛乳パックプリン ………… 70
そのまま牛乳
パックレアチーズケーキ …………… 71
そのままジュースパックゼリー …… 72

その他

●アーモンドスライス
アーモンドスライスクッキー ……… 78

●杏仁霜
そのまま牛乳パック杏仁豆腐 ……… 68

●インスタントコーヒー
作業時間10分！ 超簡単ティラミス … 34
ぷるぷるコーヒーゼリードリンク … 55
ひんやりコーヒーフラッペ ………… 56
大人気！ チョココーヒーアイス …… 112

●「オレオ」
ザクザク食感のオレオアイスクリーム … 111

●かき氷用シロップ
失敗知らず！ レンジで作れる琥珀糖 ‥ 52

●顆粒コンソメ
もちもちチーズポテトボール ……… 92

●刻み海苔
明太フランス風トースト …………… 104

●絹ごし豆腐
ヘルシー！ ふわもちお豆腐パン …… 32

●キャラメル
小鍋で簡単！ キャラメルプリン …… 30
キャラメルスモアトースト ………… 103

●餃子の皮
餃子の皮でとろ〜りアップルパイ … 86
餃子の皮でチョコバナナパイ ……… 88

●切り餅
やわやわでもちもち〜！ バター餅 … 116

●栗の甘露煮
蒸さずに作る栗蒸し羊羹 …………… 120

●紅茶ティーバッグ
香りゆたかな紅茶ケーキ …………… 60

●黒糖
片栗粉でもちもちタピオカ ………… 54

●ココアパウダー
サクサクしゅわしゅわ
メレンゲクッキー ……………………… 31
作業時間10分！ 超簡単ティラミス … 34
濃厚チョコレートアイスキューブ … 109
大人気！ チョココーヒーアイス …… 112

●こしあん
春巻きの皮で
あんことチーズの三角パイ ………… 89
材料3つだけ！
ひんやり美味しい水羊羹 …………… 119
蒸さずに作る栗蒸し羊羹 …………… 120

●粉砂糖
レンジスノーボールクッキー ……… 76

●好みのジャム
チーズケーキ風トースト …………… 106

●ジュース
そのままジュースパックゼリー …… 72

●ストロベリーパウダー
サクサクしゅわしゅわ
メレンゲクッキー ……………………… 31

●チョコレート
ザクザク食感！
焼きチョコ風クッキー ……………… 14
濃厚チョコレートアイスクリーム …… 18
とろけるチョコレートムース ……… 22

小鍋で簡単！ なめらかチョコプリン … 28
しっとり濃厚ガトーショコラ ……… 58
餃子の皮でチョコバナナパイ ……… 88

●ハーフベーコン
おやつにもおつまみにも！
ベーコンポテト ………………………… 95
やみつきカルボナーラトースト …… 105

●はちみつ
しっとり自家製ハニーカステラ …… 39
ふわふわ食感のはちみつケーキ …… 63
作業時間5分！
バナナアイスクリーム ……………… 110

●バニラエッセンス
そのままフローズンヨーグルトリッチ … 67
超濃厚バニラアイスクリーム ……… 108
ザクザク食感のオレオアイスクリーム … 111

●春巻きの皮
春巻きの皮で
あんことチーズの三角パイ ………… 89

●ビスケット
作業時間10分！ 超簡単ティラミス … 34
レーズンバターサンドクッキー …… 49

●プリン
作業時間10分！ 超簡単ティラミス … 34
プリンでフレンチトースト風トースト ‥ 102

●フルーツミックス缶
おうちで白くま風アイスバー ……… 114

●ホワイトチョコレート
レーズンバターサンドクッキー …… 49

●マシュマロ
2層のマシュマロムースプリン ……… 21
キャラメルスモアトースト ………… 103

●抹茶パウダー
雪のようにとろける抹茶の淡雪かん ‥ 122

●明太子
明太フランス風トースト …………… 104

●ゆであずき
材料2つだけ！ あずきバー ……… 113
おうちで白くま風アイスバー ……… 114

●レーズン
レーズンバターサンドクッキー …… 49

●レモン汁
そのまま牛乳
パックレアチーズケーキ …………… 71

撮　影　三好宣弘（RELATION）
調理・フードスタイリング　井上裕美子（エーツー）
フードアシスタント　青木夕子　亀井真希子（エーツー）
デザイン　五十嵐ユミ
イラスト　こいずみめい
校　正　東京出版サービスセンター
編　集　森 摩耶（ワニブックス）

材料 **2** つから作れる！
魔法のてぬきおやつ

著　者　てぬキッチン

2020年2月8日　初版発行
2022年9月20日　14版発行

発行者　横内正昭
編集人　青柳有紀
発行所　株式会社ワニブックス
　　　　〒150-8482　東京都渋谷区恵比寿4-4-9　えびす大黒ビル
　　　　電話　03-5449-2711（代表）
　　　　　　　03-5449-2716（編集部）
ワニブックスHP　http://www.wani.co.jp/
WANI BOOKOUT　http://www.wanibookout.com/

印刷所　大日本印刷株式会社
製本所　ナショナル製本

©てぬキッチン 2020
ISBN978-4-8470-9879-6